영어 문법 문장 구조의 이해 - 기초편

초판 1쇄 발행 2025년 7월 20일

지은이 백영승
펴낸이 장길수
펴낸곳 지식과감성#
출판등록 제2012-000081호

교정 주경민
디자인 윤혜성
편집 이현
검수 정은솔
마케팅 김윤길

주소 서울시 금천구 벚꽃로298 대륭포스트타워6차 1212호
전화 070-4651-3730~4
팩스 070-4325-7006
이메일 ksbookup@naver.com
홈페이지 www.knsbookup.com

ISBN 979-11-392-2700-0(13740)
값 17,000원

• 이 책의 판권은 지은이에게 있습니다.
• 이 책 내용의 전부 또는 일부를 재사용하려면 반드시 지은이의 서면 동의를 받아야 합니다.
• 잘못된 책은 구입하신 곳에서 바꾸어 드립니다.

지식과감성#
홈페이지 바로가기

기초 단어 **500여** 개를 연상법으로 수록한
어휘집 + 기초 문법 책 개념으로 구성!

영어 문법
문장 구조의 이해

백영승 지음

기초편

첫째, 분량이 적고
둘째, 그러면서도 빠진 것이 하나도 없고
셋째, 자습이 가능할 정도로 이해하기 쉽게 쓰인 책입니다.

지식과감정#

머리말

어떤 사람들은 문법은 중요하지 않다,
그저 많이 듣고 읽게 하며 노출만 많이 시키면 된다고 생각합니다.
절대 그렇지 않습니다.
5층짜리 건물 10개 지어 본 적이 있다고 해서 50층짜리 건물을 지을 수 있는 것이 아닙니다.
5층짜리 건물과 50층짜리 건물은 기초와 뼈대부터가 차원이 다릅니다.
어렸을 때부터 문장 구조도 이해시켜 가며 체계적으로 잘 가르쳐야 합니다.
그렇지 않으면 대사를 그르치게 됩니다.
이해하기 쉽게 말씀드리면 단어를 붙이면 문장이 됩니다.
그런데 문법은 단어를 붙여서 문장을 만드는 방법입니다.
그러므로 문법은 문장 구조에 대한 이해이므로 문법을 모르면 단어를 잘못 연결하여 잘못된 문장을 말하게 된다는 것입니다.
문법 실력은 순수한 문법 문제 몇 개 풀어 맞히는 것 이상을 의미합니다.
문장 구조에 대한 이해가 명확해야 나중에 문장 독해가 빨라지고 정확해집니다.
또 더 수려하고 정확한 영어를 구사할 수 있게 됩니다.
그래서 영어 실력은 문장 구조에 대한 이해 플러스 풍부한 어휘력이라고 정의 내릴 수 있습니다.
그런데 Be 동사 하나만 가지고도 개념과 사용을 이해시키는 선생님들마다, 책마다 설명하는 방식이 조금씩 다릅니다. 저는 이것을 매우 안타깝게 생각하여 30년 이상 일선 학원에서 영어를 가르치며 어떻게 하면 한국어를 모국어로 사용하는 학생들에게 **영어 문장의 구조를 간단하고 명료하게 설명할 수 있을지**를 연구하였으며 그동안 가르치는 데 사용했던 자료들을 잘 다듬고 순서를 잡아 매우 만족한 마음으로 이 책을 출간하게 되었습니다.
이 책은 분명히 여러분이 영어 문장 구조를 매우 짧은 시간에 명확하게 이해하고 기억하는 데 큰 도움을 줄 것입니다.

저자 **백영승**

이 책의 특징

1. 이 책은 첫째 분량이 적고, 둘째 그러면서도 빠진 것이 하나도 없고, 셋째 자습이 가능할 정도로 쉽게 설명한 책입니다.

2. 가르치는 순서가 탁월합니다. 『영어 문법 문장 구조의 이해 — 기초편』의 설명은 예를 들어 다음과 같습니다.

    a flower를 가르치면서 명사가 무엇인지를 가르칩니다.
    그다음 a beautiful flower를 가르치면서 형용사를 가르칩니다.
    그다음 this를 가르치면서 대명사를 가르칩니다.
    그다음 is를 가르치며 This is a beautiful flower를 가르칩니다.
    즉 문장을 가르치기 시작하는 것입니다.
    그러므로 is 즉 Be 동사를 배울 때쯤이면 학생들은
    a beautiful flower도 알고 있고 this도 알고 있습니다.
    이제 is만 배우면 되는 것입니다.
    이 책에는 타의 추종을 불허하는 학습 마인드가 배어 있습니다.
    그러므로 아이들은 대단히 쉽게 영어 문장 구조에 대한 이해를 정복하게 됩니다.

3. 앞부분에 초등학생부터 중1 정도의 학생을 염두에 두고 기초 단어 500여 개를 연상법으로 수록하였고 후반부에서 문법 설명을 할 때는 앞부분에 있는 단어들을 사용하였으므로 매우 편리하고 쉽게 되어 있으며 마지막에는 문법을 설명할 때 공부했던 핵심적인 문장들만 모아 통문장으로 미국인 선생님의 낭독을 따라 읽으며 암기하도록 하였습니다.

4. 철판에 홈을 파는 방법은 같은 자리를 계속 긁는 것입니다.
    단어편과 통문장편의 녹음을 다운받아 원어민 선생님의 낭독이 끝난 다음 바로 이어 따라 읽으십시오. 정확한 발음을 익히게 될 뿐만 아니라 통문장이 암기되어 스피킹에 절대적으로 효과적입니다. 이 책은 모든 면에서 간결하면서도 최대의 효과를 얻는 타의 추종을 불허하는 학습 마인드가 배어 있습니다.

1부 단어편 — 9

2부 문장 구조편 — 29

제1장	명사 Ⅰ	30
제2장	형용사	36
제3장	대명사	40
제4장	Be 동사	48
제5장	Be 동사의 부정문과 의문문	57
제6장	전치사	71
제7장	일반 동사	79
제8장	명사 Ⅱ	102
제9장	to 부정사 Ⅰ	112
제10장	일반 동사의 부정문과 의문문	122

3부 통문장 복습편 — 139

통문장으로 복습하는 과정 — 140
핵심 문장들 정리 — 153

1부

단어편

제1장 명사 I

1. bird [bə:rd] 새 ★ 버드나무에 새가 앉아 있다
2. farmer [fɑ́:rmər] 농부 ★ 파마 머리한 농부
3. father [fɑ́:ðər] 아버지
4. dad [dæd] 아빠 ★ 대들어? 아빠에게 (그러면 안 되지)
5. mother [mʌ́ðər] 어머니 ★ 뭐 더 달라고 해 어머니에게
6. mom [mɑm] 엄마 ★ 맘마 줘 엄마
7. brother [brʌ́ðər] 형, 남동생 ★ 부러 더한다 형이(형이 심술궂은가 봐)
8. sister [sístər] 언니 ★ 씻었다 언니가
9. dog [dɔ(:)g] 개 ★ 불 독은 불개다
10. cat [kæt] 고양이 ★ 캑캑거리는 고양이
11. teach [ti:tʃ] 가르치다 ★ 땟찌!(아기들을 제지할 때 쓰는 말) 하면서 가르친다.
12. teacher [tí:tʃər] 선생님
13. tea [ti:] 차 ★ tea(차) 줘 선생님께
14. English [íŋgliʃ] 영어
15. music [mjú:zik] 음악
16. student [stjú:dənt] 학생 ★ 스스로 뛰어다니던 학생
17. umbrella [ʌmbrélə] 우산 ★ 엄마 불러내 우산 가지고 오시라고
18. girl [gə:rl] 소녀 ★ 거리의 소녀
19. boy [bɔi] 소년
20. tree [tri:] 나무 ★ 크리스마스트리는 나무다
21. doctor [dáktər] 의사, 박사
22. sick [sik] 아픈 ★ 씩씩거린다 아파서
23. ill [il] 아픈 ★ 일해서 아프다
24. car [kɑ:r] 자동차 ★ 카센터는 자동차 고치는 곳이다
25. apple [ǽpl] 사과
26. pencil [pénsəl] 연필 ★ 펜으로 쓸 연필
27. flower [fláuər] 꽃 ★ 풀 나와 꽃 나와
28. class [klæs] 수업
29. math [mæθ] 수학 ★ 매를 써 수학을 못하면
30. math class 수학 수업
31. Korea [kərí:ə] 한국 ★ 고려는 한국이다
32. Korean [kourí:ən] ① 한국어 ② 한국인
33. and [ænd] 그리고
34. friend [frend] 친구

제2장 형용사

35. big [big] 큰 ★ 빅 마트는 큰 마트란 뜻이다
36. small [smɔːl] 작은
37. cute [kjuːt] 귀여운
38. beautiful [bjúːtəfəl] 아름다운 ★ 비 왔다 풀 위에 아름답다
39. happy [hǽpi] 행복한 ★ 강아지 이름 해피는 행복한 강아지라는 뜻이다
40. happiness [hǽpinis] 행복
41. unhappy [ʌnhǽpi] 불행한
42. uncle [ʌ́ŋkəl] 아저씨 ★ 엉큼한 아저씨
43. aunt [ænt] 숙모, 이모 ★ 앤 이모
44. glad [glæd] 기쁜
45. good [gud] ① 좋은 ② 착한
46. morning [mɔ́ːrniŋ] 아침
47. Good morning. 좋은 아침이 되세요. (아침에 하는 '안녕'에 해당하는 인사)
48. noon [nuːn] 정오 ★ 눈 온다 정오부터
49. after [ǽftər] ~후에 ★ 애프터서비스는 후에 하는 서비스
50. afternoon [ǽftərnúːn] 오후 ★ noon(정오)의 후(after)이므로 오후
51. Good afternoon. 좋은 오후가 되세요. (오후에 하는 인사)
52. rich [ritʃ] 부유한
53. poor [puər] 가난한
54. ugly [ʌ́gli] 못생긴 ★ 억울해 못생겨서
55. handsome [hǽnsəm] 잘생긴
56. kind [kaind] ① 친절한 ② 종류
57. kindness [káindnis] 친절
58. evening [íːvniŋ] 저녁 ★ 이브닝 뉴스는 저녁에 하는 뉴스
59. Good evening. 저녁에 하는 인사.
60. meet [miːt] 만나다 (과거형: met)
61. school [skuːl] 학교
62. play [plei] 놀다
63. playground [pléigràund] 운동장
64. player [pléiər] 선수
65. I [ai] 나는
66. we [wi] 우리들은
67. you [juː] 너는
68. he [hi] 그는
69. she [ʃi] 그녀는

제3장 대명사

70. this [ðis] 이것은
71. that [ðæt] 저것은
72. they [ðei] 그들은
73. it [it] 그것은
74. go [gou] 가다
75. come [kʌm] 오다 (과거형: came)
76. parents [pɛ́ərənt] 부모님 ★ 파란 차를 타신 부모님
77. shirt [ʃəːrt] 셔츠
78. sugar [ʃúgər] 설탕
79. black [blæk] 검은, 어두운
80. blackboard [blǽkbɔ̀ːrd] 칠판
81. see [siː] 보다 (과거형: saw)
82. sea [siː] 바다 ★ sea 바다를 see 보다
83. well [wel] ① 잘 ② 우물
84. bad [bæd] 나쁜 ★ bed 침대가 bad 나쁘다
85. tired [taiərd] 피곤한 ★ 타이어도 피곤하다 사람만 피곤한 것이 아니고
86. room [ruːm] 방 ★ 누움 방에서
87. classroom [klǽsrù(ː)m] 교실 ★ 수업받는 방이므로 교실
88. dance [dæns] 춤추다
89. clever [klévər] 영리한 ★ 클로버 뜯어 먹으면 영리해진다
90. smart [smɑːrt] 영리한 ★ 스마트는 이 마트보다 더 영리하다
91. white [hwait] 하얀 ★ 수정액 화이트는 하얀색이다
92. late [leit] 늦은
93. yellow [jélou] 노란 ★ yellow 카드는 노란 카드
94. red [red] 빨간 ★ red 카드는 빨간 카드
95. hot [hɑt] 뜨거운 ★ 핫 뜨거워라
96. cold [kould] ① 차가운 ② 감기 ★ 코가 얼다 추워서 감기 걸렸다
97. busy [bízi] 바쁜 ★ 비지땀을 흘린다 바빠서
98. business [bíznis] 사업 ★ busy한(바쁜) 사업
99. pretty [príti] 예쁜
100. hat [hæt] 모자 ★ 햇별 가리는 모자
101. face [feis] 얼굴
102. bag [bæg] 가방, 봉지 ★ 비닐 백은 비닐봉지
103. hand [hænd] 손 ★ 핸드백은 손가방이라는 뜻임
104. ten [ten] 열, 십

제4장 Be 동사

105. year [jiər] 해, 년 ★ 이어 오는 해, 년
106. ago [əgóu] ~전에 ★ a(한번) 갔지(go) 전에
107. ten years ago 10년 전에
108. old [ould] 늙은, 낡은
109. young [jʌŋ] 젊은
110. then [ðen] 그때
111. clean [kli:n] 깨끗한 ★ 엔크린 주유소는 깨끗한 휘발유 파는 곳이다
112. dirty [də́:rti] 더러운 ★ 더리와 더러운은 발음이 비슷
113. work [wə:rk] 일하다
114. doll [dɔ(:)l] 인형 ★ 돌로 인형을 만들었다
115. month [mʌnθ] 월, 달
116. house [haus] 집 ★ 비닐하우스란 비닐 집을 가리킨다
117. tell [tel] 말하다
118. talk [tɔ:k] 말하다 ★ 토크쇼는 말하면서 노는 쇼
119. very [véri] 매우
120. large [lɑ:rdʒ] 큰 ★ 라지 피자는 큰 피자
121. here [hiər] 여기에
122. there [ðɛər] 저기에
123. eye [ai] 눈 ★ 아이의 눈
124. sky [skai] 하늘 ★ 스카이다이빙은 하늘에서 뛰어내리는 다이빙
125. speak [spi:k] 말하다 (과거형: spoke) ★ 스피커로 말하다
126. speaker [spí:kər] 말하는 사람
127. jacket [dʒǽkit] 재킷
128. building [bíldiŋ] 건물
129. o'clock ~시
130. at three o'clock 세 시에
131. wall [wɔ:l] 벽
132. fly [flai] 날다 ★ 파리가 난다
133. window [wíndou] 창문
134. soccer [sákər] 축구 ★ 싹 가 축구하러
135. one [wʌn] 하나
136. two [tu:] 둘
137. three [θri:] 셋
138. four [fɔ:r] 넷

139. five [faiv] 다섯
140. six [siks] 여섯
141. seven [sévən] 일곱
142. eight [eit] 여덟
143. nine [nain] 아홉
144. ten [ten] 열, 십
145. yesterday [jéstərdi] 어제 ★ 애썼다 데이(어제 애썼다고)
146. long [lɔːŋ] 긴 ★ 롱 다리는 긴 다리
147. short [ʃɔːrt] 짧은 ★ 숏 다리는 짧은 다리
148. and [ænd] 그리고
149. but [bʌt] 그러나
150. A is like B A는 B와 비슷하다

제5장 Be 동사의 부정문과 의문문

151. tall [tɔːl] 키가 큰 ★ 똘이는 키가 크다
152. frank [fræŋk] 솔직한 ★ 프랭크는 솔직하다
153. weather [wéðər] 날씨 ★ 왜 더워 날씨가
154. idle [áidl] 게으른 ★ 아이들이 게으르다
155. cool [kuːl] 시원한 ★ 쿨쿨 잘 잔다 시원하니까
156. first [fəːrst] 첫 번째
157. at first 처음에
158. second [sékənd] ① 두 번째 ② 초
159. third [θəːrd] 세 번째
160. sharp [ʃɑːrp] 날카로운 ★ 샤프펜슬은 날카로운 펜슬이다
161. put [put] ~을 어디에 두다
162. put an orange on the table. 귤 한 개를 테이블 위에 두다.
163. couple [kʌ́pəl] 부부, 한쌍 ★ 커플 티는 한쌍으로 맞추는 티
164. wood [wud] 나무, 목재 ★ 우드득한다 나무가
165. heavy [hévi] 무거운 ★ 헤비급은 무겁다
166. solve [sɔlv] 풀다, 해결하다 ★ 설날에 보고 해결하자
167. light [lait] ① 빛 ② 가벼운 ★ 라이터는 빛을 낸다, 라이터는 가벼운 것이 좋다
168. quiet [kwáiət] 조용한 ★ 과연 조용했다
169. lovely [lʌ́vli] 사랑스러운
170. foolish [fúːliʃ] 어리석은
171. fool [fuːl] 바보
172. some [sʌm] ① 약간의 ② 어떤 ★ 섬에 약간 남아 있다
173. ugly [ʌ́gli] 못생긴 ★ 억울해 못생겨서
174. problem [prɑ́bləm] 문제 ★ 풀어 보렴 문제를
175. difficult [dífikʌlt] 어려운 ★ 뒤로 피해 갈 테야 어려우니까
176. expensive [ikspénsiv] 값이 비싼 ★ 익수야 이 펜 써 봐, 비싼 거야
177. help [help] 도와주다, 도움
178. helpful [hélpfəl] 도움이 되는 ★ 갯벌도 도움이 되지만 헬펄도 도움이 된다
179. candy [kǽndi] 사탕
180. thirsty [θə́ːrsti] 목마른 ★ 서서히 티(차) 마신다 목말라서
181. hungry [hʌ́ŋgri] 배고픈 ★ 헝가리 사람은 배고프다
182. so [sou] ① 그렇게 ② 그래서
183. outside [áutsáid] 바깥쪽에
184. inside [ínsáid] 안쪽에

185. breakfast [brékfəst] 아침 식사 ★ 부엌에서 first(먼저) 아침부터 먹어
186. have breakfast 아침 먹다
187. lunch [lʌntʃ] 점심 ★ 넌 취하냐 점심때부터(대낮에 술 먹냐고?)
188. dinner [dínər] 저녁 식사 ★ 디너쇼는 저녁 먹으며 보는 쇼다
189. hard [hɑːrd] ① 열심히 ② 딱딱한 ★ 하도 딱딱해서 열심히 먹었다
190. make money 돈을 벌다
191. bottle [bátl] 병 ★ 받들어라 병을 깨지지 않도록

제6장 전치사

192. by bus 버스 타고
193. by bike 자전거 타고
194. walk [wɔːk] 걷다
195. live [liv] 살다
196. life [laif] 생명, 인생, 생활
197. bed [bed] 침대
198. go to bed 잠자러 가다
199. have [hæv] 가지고 있다 (과거형: had)
200. like [laik] ① 좋아하다 ② ~같은, 비슷한
201. bank [bæŋk] 은행
202. sound [saund] ~하게 들린다 ★ 싸운다 싸우는 소리가 들린다
203. building [bíldiŋ] 건물
204. build [bild] 짓다 (과거형: built)
205. baby [béibi] 아기
206. welcome [wélkəm] 환영하다 ★ 잘(well) 왔다(come) 환영한다
207. son [sʌn] 아들 ★ sun 태양의 아들
208. daughter [dɔ́ːtər] 딸 ★ 도우러 왔다 딸이
209. child [tʃaild] 어린이, 자녀 ★ 차일도 한다 어린이가
210. children [tʃíldrən] 어린이들, 자녀들
211. desk [desk] 책상
212. drink [driŋk] 마시다 (과거형: drank)
213. dislike [disláik] 싫어하다 ★ like는 좋아하는 것이고 dislike는 싫어하는 것이다
214. follow [fɑ́lou] 따라오다 ★ 빨리 오우 나를 따라
215. bring [briŋ] 가져오다 (과거형: brought) ★ 부릉부릉 가져온다
216. wait [weit] 기다리다 ★ 웨이터가 기다린다
217. wait for ~ 기다리다 (= await)
218. send [send] 보내다 (과거형: sent) ★ 샌들을 보낸다
219. introduce [ìntrədjúːs] 소개하다 ★ 안 들어 줬어 소개했는데
220. learn [ləːrn] 배우다 ★ 넌 배워야 돼
221. begin [bigín] 시작하다 (과거형: began) ★ 비긴 후에 시작하다
222. feel [fiːl] 느끼다 (과거형: felt) ★ 필이 온다 느낌이 온다
223. enjoy [endʒɔ́i] 즐기다 ★ 인제 좋으니 즐기니까
224. hope [houp] 희망하다 ★ 호프집 가기를 희망한다

225. love [lʌv] 사랑하다
226. leave [liːv] 떠나다 (과거형: left) ★ live 살다가 leave 떠난다
227. horse [hɔːrs] 말 ★ 홀로 서 있는 말
228. water [wɔ́ːtə] 물
229. all [ɔːl] 모두 ★ all 백은 모두 백점 맞았다는 뜻임
230. letter [létər] 편지
231. name [neim] 이름
232. lose [luːz] 잃어버리다 (과거형: lost) ★ 루즈를 잃어버리다
233. sun [sʌn] 태양 ★ 썬크림은 햇볕 차단 크림
234. Sunday [sʌ́ndei] 일요일
235. on Sundays 일요일마다
236. ant [ænt] 개미
237. target [tɑ́ːrgit] 목표점, 표적
238. score [skɔːr] 점수

제7장 일반 동사

239. buy [bai] 사다 (과거형: bought)
240. delicious [dilíʃəs] 맛있는 ★ 드리셨어 맛있는 것을
241. follow [fάlou] 따르다 ★ 빨리 오우 나를 따라
242. wash [wɑʃ] 씻다 ★ 와! 시원하게 씻는다
243. wash(do) the dishes 설거지하다
244. wish [wiʃ] 원하다 ★ wash 하기를 원한다
245. run [rʌn] 달리다 (과거형: ran) ★ 러닝화는 달리는 신발
246. mix [miks] 혼합하다 ★ 믹서기로 혼합한다
247. do [du:] 하다 (과거형: did) ★ 두 명이 한다
248. study [stʌ́di] 공부하다 ★ 스타 되려면 공부해
249. sad [sæd] 슬픈 ★ 새도 슬프게 운다
250. bread [bred] 빵 ★ 불에도 빵을 굽는다
251. doll [dɔ(:)l] 인형 ★ 돌로 만든 인형
252. taste [teist] 어떤 맛이 나다 ★ 테스트해 보니 어떤 맛이 난다
253. slow [slou] 느린 ★ 슬로우 비디오는 느리게 돌리는 비디오
254. slowly [slóuli] 느리게
255. eat [i:t] 먹다 ★ 이따 먹어
256. fast [fast] 빠른
257. food [fu:d] 음식 ★ 패스트푸드는 빠르게 나오는 음식 즉 인스턴트식품
258. easy [í:zi] 쉬운 ★ 잊어 쉽게
259. smell [smel] ~ 냄새가 난다 ★ 스멀스멀 올라오는 냄새
260. plan [plæn] 계획
261. watch [wɑtʃ] ① 시계 ② 관찰하다, 보다 ★ watch 시계를 관찰하다
262. stop [stɑp] 정지(하다) (과거형: stopped)
263. want [wɔ(:)nt] 원하다 ★ 원트니까 원하다
264. today [tudéi] 오늘
265. site [sait] 장소 ★ 컴퓨터 사이트는 컴퓨터 장소
266. have a cold 감기에 걸리다
267. last [læst] ① 지난 ② 마지막
268. last night 어젯밤
269. week [wi:k] 주
270. weekend [wí:kènd] 주말
271. last weekend 지난 주말

272. funny [fʌni] 우스운, 재미있는
273. basketball [bǽskitbɔ̀ːl] 농구
274. look [luk] 보다
275. look at ~을 보다
276. look for ~을 찾다
277. hour [áuər] 한 시간 ★ our 우리들의 시간
278. make [meik] 만들다 (과거형: made)
279. get [get] 얻다 (과거형: got)
280. take [teik] 가지고 가다, 데리고 가다 (과거형: took)
281. read [riːd] 읽다
282. give [giv] 주다 (과거형: gave)
283. gift [gift] 선물 ★ 기부했다 선물을
284. say [sei] 말하다 (과거형: said)
285. sale [seil] 판매 ★ 물건 세일한다는 것은 판매한다는 뜻임
286. sell [sel] 팔다 (과거형: sold)
287. write [rait] 쓰다 (과거형: wrote)
288. break [breik] 깨다, 파열하다 (과거형: broke) ★ 브레이크 깨졌다 즉 파열했다
289. drive [draiv] 운전하다 (과거형: drove) ★ 드라이브 가자 운전하고
290. driver [dráivər] 운전자
291. hit [hit] 치다 ★ 히트 치다
292. think [θiŋk] 생각하다 ★ 학습지 씽크빅은 생각하는 학습지라는 뜻임
   think-thought-thought
293. swim [swim] 수영하다 ★ 쉬움 수영하기가
   swim-swam-swum
294. grow [grou] 재배하다, 자라다 (과거형: grew) ★ 고루고루 재배한다
295. song [sɔ(ː)ŋ] 노래 ★ 팝송은 노래다
296. sing a song 노래를 부르다
297. each other 서로
298. singer [síŋər] 가수
299. this morning 오늘 아침
300. home [houm] 가정, 집 ★ 홈쇼핑은 집에서 하는 쇼핑
301. homework [hóumwəːrk] 숙제 ★ 집에서 하는 일이므로 숙제
302. foot [fut] 발
303. feet [fiːt] 발들
304. on foot 걸어서

305. try [trai] 시도하다
306. cry [krai] 울다 ★ 크아~ 하고 울다
307. library [láibrèri] 도서관 ★ 날 보러 오리 도서관으로
308. know [nou] 알다
309. ask [æsk] 질문하다 ★ 애가 스키에 대해 질문하다
310. question [kwéstʃən] 질문
311. sweet [swi:t] 달콤한
312. meat [mi:t] 고기 ★ 만나서(meet) 고기 먹자
313. lie [lai] 거짓말(하다) ★ 나이를 거짓말했다(나이를 속였다)
314. tell a lie 거짓말하다
315. ear [iər] 귀
316. hear [hiər] 듣다 (과거형: heard) ★ ear로 듣다
317. star [stɑ:r] 별
318. sleep [sli:p] 잠자다 (과거형: slept)
319. sleepy [slí:pi] 졸리는
320. great [greit] 큰, 대단한, 위대한

제8장 명사 II

321. salt [sɔːlt] 소금
322. sugar [ʃúgər] 설탕
323. paper [péipər] 종이
324. newspaper 신문 ★ 뉴스 종이는 신문이다
325. pepper [pépər] 후추 ★ paper(종이) 위에 후추를 조금 덜어 놓았다
326. air [ɛər] 공기 ★ 자동차 에어백은 공기 주머니라는 뜻임
327. airplane [ɛ́ərplèin] 비행기 ★ 공기로 날아가는 비행기
328. airport [ɛ́ərpɔ̀ːr] 공항
329. police [pəlíːs] 경찰 ★ 볼 일 있어 경찰에
330. river [rívər] 강
331. wife [waif] 아내
332. wipe [waip] 닦다 ★ wife 아내가 wipe 닦는다
333. husband [hʌ́zbənd] 남편 ★ 혼자 번다 남편 혼자
334. milk [milk] 우유
335. grape [greip] 포도
336. money [mʌ́ni] 돈 ★ 뭐니 뭐니 해도 돈이 좋아
337. many [méni] 많은
338. much [mʌtʃ] 많은 ★ 뭐 취나물이 많다고, 뜯으러 가자
339. take A to B A를 B로 데리고 가다
340. a lot of 많은
341. lots of 많은
342. wine [wain] 포도주
343. church [tʃəːrtʃ] 교회 ★ 처칠이 다니던 교회
344. potato [pətéitou] 감자 ★ 포테이토칩은 감자칩
345. baby [béibi] 아기
346. city [síti] 도시 ★ 시디는 도시에서 판다
347. knife [naif] 칼
348. leaf [liːf] 잎 ★ 립이므로 잎이다(발음이 비슷)
349. animal [ǽnəməl] 동물 ★ 아니 말이 동물이야?
350. elephant [éləfənt] 코끼리
351. heart [hɑːrt] 심장
352. queen [kwiːn] 여왕 ★ king은 왕이고 queen은 여왕이다
353. lion [láiən] 사자 ★ 라이언 킹은 사자 왕

354. tiger [táigər] 호랑이
355. woman [wúmən] 여자, 여성 ★ 울면 여자다
356. man [mæn] 남자, 사람
357. wing [wiŋ] 날개 ★ 윙하고 날개로 난다 치킨 윙은 닭 날개다
358. tooth [tu:θ] 이 (복수형: teeth) ★ 투수의 이가 공에 맞았다
359. sheep [ʃi:p] 양 (복수형도 sheep) ★ 십(열) 마리 양
360. ship [ʃip] 배 ★ 양이 배에 실려 있다
361. fish [fiʃ] ① 물고기 ② 낚시하다
362. leg [leg] 다리
363. snow [snou] 눈
364. rain [rein] 비 ★ 내리는 비
365. rainbow [réinbòu] 무지개 ★ 비 온(rain) 후에 보여 무지개가
366. every [évri:] 모든(개별적으로)
367. every student 모든 학생들
368. everybody [évribàdi] 모든 사람
369. every day [évridèi] 매일
370. every Sunday 일요일마다 (= on Sundays)
371. everything [évriθìŋ] 모든 것, 어느 것이나
372. something [sʌ́mθiŋ] 어떤 것, 뭔가 ★ 아무개 하고 썸씽(어떤 것, 뭔가)이 있다
373. nothing [nʌ́θiŋ] 아닌 것, 없는 것 ★ no thing이므로 없는 것
374. absent [ǽbsənt] 결석한 ★ 애 보신다 결석하고
375. be absent from ~ ~에 결석하다
376. just [dʒʌst] ① 단지 ② 올바른
377. anyway [éniwèi] 어쨌든
378. science [sáiəns] 과학 ★ 쌓여 언제나 스트레스가 과학 때문에
379. scientist [sáiəntist] 과학자
380. fight [fait] 싸우다 ★ 파이팅 싸우자

제9장 to 부정사 I

381. visit [vízit] 방문하다
382. every morning 매일 아침
383. mistake [mistéik] 실수 ★ 미스가 스테이크 먹다 실수했다
384. juice [dʒuːs] 주스
385. country [kʌ́ntri] ① 나라 ② 시골
386. diary [dáiəri] 일기 ★ 다 이어라 일기를(군데군데 빼지 말고)
387. memory [méməri] 기억 ★ 메모하리 기억을 위해
388. place [pleis] 장소 ★ 플레이했어 어떤 장소에서
389. at 7 o'clock 7시에
390. straight [streit] 곧바로, 직선으로
391. dark [dɑːrk] 어두운 ★ 다크서클은 눈 밑의 어두운 부분이다
392. look [luk] 보다
393. look at ~ ~을 보다
394. look for~ ~을 찾다
395. hour [áuər] 시간 ★ our(우리의) 시간
396. soda [sóudə] 탄산음료
397. way [wei] 길, 방식 ★ 왜 이 길로 가
398. minute [mínit] 분
399. second [sékənd] 초
400. castle [kǽsl] 성 ★ 캐서 쓸어버려 성을
401. happen [hǽpən] 발생하다 ★ 해프닝이 발생했다
402. health [helθ] 건강 ★ 헬스클럽은 건강 클럽
403. healthy [hélθi] ① 건강한 ② 건강에 좋은
404. healthy food 건강에 좋은 음식
405. please [pliːz] ① 제발(부탁할 때 쓰는 말) ② 기쁘게 하다
406. pleasant [pléznt] 기분을 좋게 하는
407. pleasure [pléʒər] 기쁨
408. My pleasure. 저도 기뻐요.
409. believe [bilíːv] 믿다 ★ 빌어 봐 믿어 달라고
410. something [sʌ́mθiŋ] 어떤 것
411. exercise [éksərsàiz] 운동 ★ 악수를 해야지 운동하기 전에
412. early [ə́ːrli] 일찍 ★ 얼리 일찍 얼음이(추위가 일찍 왔다고)
413. grow up 성장하다

414. garden [gá:rdn] 정원 ★ 가든(식당)에 정원이 있다
415. gardener [gá:rdnər] 정원사
416. honest [ánist] 정직한
417. listen to ~을 듣다
418. cook [kuk] 요리사, 요리하다 ★ 쿡쿡 찔러 본다 요리사가
419. cooker [kúkər] 냄비
420. action [ǽkʃən] 행동, 동작 ★ 액션 영화는 행동(싸우는 행동)이 많은 영화이다
421. act [ækt] 행동하다, 연기하다
422. actor [ǽktər] 남자 배우
423. actress [ǽktris] 여자 배우
424. activity [æktívəti] 활동
425. fail [feil] 실패하다 ★ 패해 매일 실패한다
426. failure [féiljər] 실패
427. examination [igzæ̀mənéiʃən] 문제 ★ 이거 재미있게 내신 문제인데
428. exam [igzǽm] 시험
429. mid-term exam 중간고사
430. be bad for ~ ~에 나쁘다
431. be good for ~ ~에 좋다
432. good [gud] 좋은
433. better [bétər] 더 좋은
434. best [best] 가장 좋은
435. invite [inváit] 초대하다 ★ 안(in)에서 봤다 초대해서
436. center [séntər] 중심 ★ 카센터 차가 모이는 중심
437. prepare [pripέər] 준비하다 ★ 미리(pre) 패를 준비하다
438. prepare for ~ ~을 준비하다
439. collect [kəlékt] 수집하다, 모으다 ★ 골랐다 수집하려고
440. collection [kəlékʃən] 수집
441. hobby [hábi] 취미 ★ 할아비의 취미
442. do one's best 최선을 다하다
443. expect [ikspékt] 기대하다 ★ 익수가 퍽도 기대한다
444. order [ɔ́:rdər] ① 명령하다 ② 주문하다 ★ 다섯 개 더 주문해라, 주문하는 것은 명령하는 것이다
445. succeed [səksí:d] 성공하다 ★ 석씨도 성공한다(김씨 이씨만 성공하는 것이 아니고)
446. catch [kætʃ] 잡다 ★ cat이 쥐를 잡다
    catch-caught-caught

제10장 일반 동사의 부정문과 의문문

447. turtle [tə́ːrtl] 거북이 ★ 털을? 거북이에게서(거북이가 무슨 털이 있어?)
448. Sunday [sʌ́ndei] 일요일
449. Monday [mʌ́ndei] 월요일 ★ 일요일까지 멀어서 먼데이
450. Tuesday [tjúːzdei] 화요일 ★ 두 번째(two) 날이니 튜즈데이
451. Wednesday [wénzdei] 수요일 ★ 왠지 좋은 수가 날 것 같은 수요일
452. Thursday [θə́ːrzdei] 목요일
453. Friday [fráidei] 금요일 ★ 계란프라이 먹는 금요일
454. Saturday [sǽtərdèi] 토요일 ★ 사러 가는 날(토요일 오후에 시간이 나서 물건 사러 간다고)
455. train [trein] ① 열차 ② 훈련하다 ★ 추레한 인간이 타고 가는 ① 열차 ② 훈련하러
456. by train 열차 타고
457. piano [piǽnou] 피아노
458. play the piano 피아노를 연주하다
459. enter [éntər] 들어가다 ★ 안타가 들어갔다
460. party [páːrti] 파티
461. meeting [míːtiŋ] 모임, 만남
462. in time 제시간에
463. on time 정각에
464. wear [wɛər] 입다
465. blue [bluː] 파란
466. open [óupən] 열다 ★ 가게를 오픈한다는 것은 연다는 뜻임
467. close [klouz] ① 닫다 ② ~에 가까운
468. be close to ~ ~에 가깝다
469. cure [kjuər] 치료하다 ★ 매니큐어로 치료하다
470. cure A of B A에게서 B를 치료하다
471. acne [ǽkni] 여드름 ★ 애가 크니 여드름이 생긴다
472. so ① 그래서 ② 그렇게
473. too ① ~도 역시 ② 너무, 지나치게
474. too big 너무 큰
475. I think so, too. 나도 그렇게 생각한다.
476. call [kɔːl] 부르다 ★ 콜택시를 부른다
477. Germany [dʒə́ːrməni] 독일 ★ 저 멀리 독일이 있다
478. German [dʒə́ːrmən] ① 독일인 ② 독일어 ③ 독일의
479. China [tʃáinə] 중국 ★ 차(마시는 차) 많이 나 중국에서
480. Chinese [tʃainíːz] ① 중국인 ② 중국의 ③ 중국어

481. Japan [dʒəpǽn] 일본 ★ 저편에는 일본이 있다
482. Japanese [dʒæ̀pəníːz] ① 일본인 ② 일본어 ③ 일본의
483. lead [liːd] 인도하다
484. leader [líːdər] 인도자
485. team [tiːm] 팀
486. head [hed] ★ 헤딩은 머리로 공 받는 것
487. hair [hɛər] 머리카락 ★ 헤어숍은 미장원
488. mouth [mauθ] 입 ★ 마우스(컴퓨터)를 입으로 물어라
489. nose [nouz] 코
490. ear [iər] 귀
491. next [nekst] 다음에
492. the next month 다음 달
493. the next day 다음 날
494. chair [tʃɛər] 의자 ★ 치워 의자를
495. friend [frend] 친구
496. friendship [fréndʃip] 우정
497. hard [haːrd] ① 열심히 ② 딱딱한
498. hunt [hʌnt] 사냥(하다) ★ 헌 트럭 타고 사냥하러 간다
499. but [bʌt] 그러나
500. textbook [tékstbùk] 교과서 ★ 테스트하는 북은 교과서다
501. green [griːn] 녹색의
502. street [striːt] 거리 ★ 서툴렀다(낯설다) 거리가
503. baseball [béisbɔ̀ːl] 야구
504. land [lænd] 땅 ★ 에버랜드, 디즈니랜드는 일종의 땅이다
505. lend [lend] 빌려주다 ★ land(땅)을 빌려주다
506. shoe [ʃuː] 신발 (신발은 두 짝이므로 보통 shoes로 씀)
507. racket [rǽkit] 라켓
508. birthday [bəːrθdèi] 생일 ★ 벌써 됐네 생일이
509. exciting [iksáitiŋ] 흥미진진한
510. volleyball [válibɔ̀ːl] 배구 ★ 발로 볼을 차면 안 된다 배구에서는
511. road [roud] 길
512. ride [raid] 타다 ★ road 길에서 ride 탄다
513. painter [péintər] 화가 ★ 페인트칠하는 화가
514. tutor [tjúːtər] 개인 교사 ★ 두었다 개인 교사를
515. careful [kɛ́ərfəl] 주의 깊은, 조심하는 ★ 캐어라 풀을 조심해서(뿌리 상하지 않도록)
516. painting [péintiŋ] 그림

2부
문장 구조편

제1장
명사 Ⅰ

unit 1 개념과 단어 공부

핵심 1. 책, 꽃, 컵, 자동차, 지우개처럼 사물의 이름을 가리키는 말을 명사라고 한다.

📝 확인 문제 1

1. 다음 단어들 중 명사에 동그라미를 그려 보세요.

> 책, 아름답다, 엄마, 달린다, 코끼리, 슬프다,
> 춤춘다, 물, 노란, 사과, 고양이, 귀여운, 학생

2. 명사 5개를 더 적어 보세요.

핵심 2. 보통 한 개, 두 개로 셀 수 있는 명사 앞에는 a [어]를 붙인다. a는 한 개라는 뜻이다.

예) a dog(한 마리의 개), a pencil(한 자루의 연필), a car(한 대의 자동차)

핵심 3. 영어 모음 다섯 개를 반드시 외워라.

a, e, i, o, u

핵심 4. 모음으로 발음되는 글자 앞에는 a가 아니고 an을 붙인다.

예) a apple (X) / an apple (O), an orange (O), an hour (O)
※ hour [아우어] 시간, 첫 글자 h가 자음이지만 h는 발음이 안 되고 o 모음부터 발음되기 때문에 an을 붙인다.

확인 문제 2

다음 빈 칸에 a나 an을 붙여 보세요.

1. ___ sick cat
2. ___ sick dog
3. ___ apple
4. ___ umbrella
5. ___ farmer
6. ___ bird
7. ___ boy
8. ___ student
9. ___ English teacher
10. ___ math class

unit 2 명사의 복수형(-s)

핵심 5. 단수는 한 개, 복수는 두 개 이상을 의미한다.

예) 개 한 마리는 단수이고 개들은 복수이다.

핵심 6. 대부분의 명사들은 뒤에 s만 붙이면 복수형이 된다. (예외인 경우는 나중에 공부)

예) a book(한 권의 책) / books(책들), a cat(고양이 한 마리) / cats(고양이들)

확인 문제 3

다음 명사들의 복수형을 쓰세요.

단수(한 개의~)	복수(~들)
a dog	
a bird	
a teacher	
a student	
a cat	
a car	
an umbrella	

제1장 모범 답안

확인 문제 1

(책), 아름답다, (엄마), 달린다, (코끼리), 슬프다,
춤춘다, (물), 노란, (사과), (고양이), 귀여운, (학생)

확인 문제 2

1. **a** sick cat
2. **a** sick dog
3. **an** apple
4. **an** umbrella
5. **a** farmer
6. **a** bird
7. **a** boy
8. **a** student
9. **an** English teacher
10. **a** math class

확인 문제 3

단수(한 개의~)	복수(~들)
a dog	dogs
a bird	birds
a teacher	teachers
a student	students
a cat	cats
a car	cars
an umbrella	umbrellas

제1장 확인 문제

확인 문제 1 (핵심 1)

1. 다음 단어들 중 명사에 동그라미를 그려 보세요.

> 책, 아름답다, 엄마, 달린다, 코끼리, 슬프다,
> 춤춘다, 물, 노란, 사과, 고양이, 귀여운, 학생

확인 문제 2 (핵심 2~4)

다음 빈 칸에 a나 an을 붙여 보세요.

1. ____ sick cat
2. ____ sick dog
3. ____ apple
4. ____ umbrella
5. ____ farmer
6. ____ bird
7. ____ boy
8. ____ student
9. ____ English teacher
10. ____ math class

📝 확인 문제 3 (핵심 5~6)

다음 명사들의 복수형을 쓰세요.

단수(한 개의~)	복수(~들)
a dog	
a bird	
a teacher	
a student	
a cat	
a car	
an umbrella	

제2장 형용사

unit 1 개념과 단어 공부

핵심 7. '아름다운', '노란', '큰'과 같이 명사 꽃을 꾸며 주는 말들을 형용사라고 한다.

형용사	명사
아름다운	꽃
노란	
큰	

확인 문제 1

1. 다음 말 중에 명사에는 네모, 형용사에는 동그라미를 쳐 보세요.

> 꽃, 아름다운, 작은, 모자, 매우, 빠른, 빨리, 행복하게, 행복한, 노란,
> 화난, 잘생긴, 가르치다, 귀여운, 개, 춤춘다, 논다, 못생긴, 놀라운

2. 형용사 5개를 더 써 보세요.

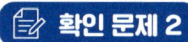 **확인 문제 2**

밑줄 위에 뜻을 쓰고 형용사에는 동그라미를 쳐 보세요.

1. a cute dog → _____
2. a beautiful flower → _____
3. an unhappy aunt → _____
4. a kind uncle → _____
5. a good student → _____
6. a handsome teacher → _____
7. a poor farmer → _____
8. a sick cat → _____
9. a big tree → _____
10. a happy mom → _____
11. a small dog → _____
12. a cute cat → _____
13. a kind dad → _____

제2장 모범 답안

확인 문제 1

꽃, 아름다운, 작은, 모자, 매우, 빠른, 빨리, 행복하게, 행복한, 노란, 화난, 잘생긴, 가르치다, 귀여운, 개, 춤춘다, 논다, 못생긴, 놀라운

확인 문제 2

1. a cute dog → 귀여운 개
2. a beautiful flower → 아름다운 꽃
3. an unhappy aunt → 불행한 이모
4. a kind uncle → 친절한 아저씨
5. a good student → 훌륭한 학생
6. a handsome teacher → 잘생긴 선생님
7. a poor farmer → 가난한 농부
8. a sick cat → 아픈 고양이
9. a big tree → 큰 나무
10. a happy mom → 행복한 엄마
11. a small dog → 작은 개
12. a cute cat → 귀여운 고양이
13. a kind dad → 친절한 아빠

제2장 확인 문제

확인 문제 1 (핵심 7)

1. 다음 말 중에 명사에는 네모, 형용사에는 동그라미를 쳐 보세요.

> 꽃, 아름다운, 작은, 모자, 매우, 빠른, 빨리, 행복하게, 행복한, 노란,
> 화난, 잘생긴, 가르치다, 귀여운, 개, 춤춘다, 논다, 못생긴, 놀라운

확인 문제 2 (핵심 7)

밑줄 위에 뜻을 쓰고 형용사에는 동그라미를 쳐 보세요.

1. a cute dog → _____
2. a beautiful flower → _____
3. an unhappy aunt → _____
4. a kind uncle → _____
5. a good student → _____
6. a handsome teacher → _____
7. a poor farmer → _____
8. a sick cat → _____
9. a big tree → _____
10. a happy mom → _____
11. a small dog → _____
12. a cute cat → _____
13. a kind dad → _____

제3장 대명사

unit 1 개념과 단어 공부

핵심 8. 명사 대신에 쓰는 나, 너, 그이, 이것, 저것 같은 말을 대명사라고 한다.
(아래 표를 암기)

I [아이]	나는	she [쉬]	그 여자는
we [위]	우리는	they [데이]	그들은
you [유]	너는, 너희들은	this [디스]	이것은
he [히]	그는	that [댇]	저것은
it [잍]	그것은	these [디z]	이것들은
those [도우z]	저것들은		

확인 문제 1

다음 빈 칸을 영어로 채우세요.

나는		그 여자는	
우리는		그들은	
너는, 너희들은		이것은	
그는		저것은	
그것은		이것들은	
저것들은			

unit 2 대명사의 인칭

핵심 9. I는 1인칭, you는 2인칭, I와 you를 제외한 모든 것은 3인칭이라고 한다.

확인 문제 2

다음 중 1인칭에는 네모, 2인칭에는 세모, 3인칭에는 동그라미를 그리세요.

> 나는(I), 그들은(they), 그는(he), 책(book), 나의 아빠(my father),
> 나의 엄마(my mother), 이철수, 너(you), 책상(desk), 고양이(cat),
> 이것(this), 나의 책(my book), 너의 개(your dog)

unit 3 대명사의 소유격

핵심 10. '~는'은 주격이고 '~의'는 소유격이라고 한다.
　　　　(아래의 표를 반드시 암기)

주격(~는)		소유격(~의)	
I [아이]	나는	my [마이]	나의
we [위]	**우리들은**	**our [아우어]**	**우리들의**
you [유]	너는, 너희들은	your [유어]	너의, 너희들의
she [쉬]	**그 여자는**	**her [허]**	**그 여자의**
he [히]	그는	his [히즈]	그의
they [데이]	**그들은**	**their [데어]**	**그들의**
it [잍]	그것은	its [잇츠]	그것의

확인 문제 3

알맞은 소유격을 밑줄 위에 영어로 적으세요.

1. 나의 친절한 아빠 → _____ kind father
2. 너의 아름다운 친절 → _____ beautiful kindness
3. 그것의 빨간 머리 → _____ red head
4. 그들의 부모 → _____ parents
5. 그의 검은 눈 → _____ black eye
6. 그녀의 아름다운 머리카락 → _____ beautiful hair
7. 나의 귀여운 개 → _____ cute dog
8. 그의 노란 책 → _____ yellow book
9. 너희들의 작은 방 → _____ small room
10. 그들의 부모님 → _____ parents

핵심 11. 소유격 앞에는 절대 a를 붙이면 안 된다.

예) a my book (X) / my book (O)

unit 4 대명사의 목적격

핵심 12. 'I'는 주격, 'my'는 소유격 'me'는 목적격이라고 한다.
목적격은 보통 '~를' '~에게'로 해석된다.

핵심 13. 아래 표를 암기하라.

주격(~는)	목적격(~를)
I	me [미] 나를
we	us [어스] 우리들을
you	you [유] 너를, 너희들을
he	him [힘] 그를
she	her [허] 그 여자를
they	them [뎀] 그들을
it	it [잍] 그것을

확인 문제 4

알맞은 목적격을 적으세요.

주격(~는)	목적격(~를)
I	
we	
you	
he	
she	
they	
it	

핵심 14. 이제 모든 대명사의 주격, 소유격, 목적격을 한꺼번에 정리한다.

주격(~는)	소유격(~의)	목적격(~를)
I	my	me
we	our	us
you	your	you
she	her	her
he	his	him
they	their	them
it	its	it

확인 문제 5

다음 표의 빈 칸을 채우세요.

주격(~는)	소유격(~의)	목적격(~를)
I		
we		
you		
she		
he		
they		
it		

제3장 모범 답안

확인 문제 1

나는	I	그 여자는	she
우리는	we	그들은	they
너는, 너희들은	you	이것은	this
그는	he	저것은	that
그것은	it	이것들은	these
저것들은	those		

확인 문제 2

나는(I), 그들은(they), 그는(he), 책(book), 나의 아빠(my father), 나의 엄마(my mother), 이철수, 너(you), 책상(desk), 고양이(cat), 이것(this), 나의 책(my book), 너의 개(your dog)

확인 문제 3

1. 나의 친절한 아빠 → my kind father
2. 너의 아름다운 친절 → your beautiful kindness
3. 그것의 빨간 머리 → its red head
4. 그들의 부모 → their parents
5. 그의 검은 눈 → his black eye
6. 그녀의 아름다운 머리카락 → her beautiful hair
7. 나의 귀여운 개 → my cute dog
8. 그의 노란 책 → his yellow book
9. 너희들의 작은 방 → your small room
10. 그들의 부모님 → their parents

확인 문제 4

주격(~는)	목적격(~를)
I	me
we	us
you	you
he	him
she	her
they	them
it	it

확인 문제 5

주격(~는)	소유격(~의)	목적격(~를)
I	my	me
we	our	us
you	your	you
she	her	her
he	his	him
they	their	them
it	its	it

제3장 확인 문제

확인 문제 1 (핵심 8)

다음 빈 칸을 영어로 채우세요.

나는		그 여자는	
우리는		그들은	
너는, 너희들은		이것은	
그는		저것은	
그것은		이것들은	
저것들은			

확인 문제 2 (핵심 9)

다음 중 1인칭에는 네모, 2인칭에는 세모, 3인칭에는 동그라미를 그리세요.

> 나는(I), 그들은(they), 그는(he), 책(book), 나의 아빠(my father),
> 나의 엄마(my mother), 이철수, 너(you), 책상(desk), 고양이(cat),
> 이것(this), 나의 책(my book) 너의 개(your dog)

확인 문제 3 (핵심 10)

알맞은 소유격을 밑줄 위에 영어로 적으세요.

1. 나의 친절한 아빠 → _____ kind father
2. 너의 아름다운 친절 → _____ beautiful kindness
3. 그것의 빨간 머리 → _____ red head
4. 그들의 부모 → _____ parents
5. 그의 검은 눈 → _____ black eye
6. 그녀의 아름다운 머리카락 → _____ beautiful hair
7. 나의 귀여운 개 → _____ cute dog
8. 그의 노란 책 → _____ yellow book
9. 너희들의 작은 방 → _____ small room
10. 그들의 부모님 → _____ parents

확인 문제 4 (핵심 11~13)

알맞은 목적격을 적으세요.

주격(~는)	목적격(~를)
I	
we	
you	
he	
she	
they	
it	

확인 문제 5 (핵심 14)

다음 표의 빈 칸을 채우세요.

주격(~는)	소유격(~의)	목적격(~를)
I		
we		
you		
she		
he		
they		
it		

제4장 Be 동사

unit 1 개념

핵심 15. '달린다', '좋아한다', '춤춘다'와 같이 사물이나 사람의 동작 또는 상태를 나타내는 말로 '~다'로 끝나는 말을 동사라고 한다.

확인 문제 1

다음 중 동사를 찾아 동그라미를 쳐 보세요.

> 달린다, 아름다운, 꽃, 춤춘다, 수영한다, ~이다, 어머니, 잠잔다

unit 2 Be 동사의 쓰임

핵심 16. I am an idle student. 나는 게으른 학생이다.

I	am	an	idle	student
나는	~이다	한 명의	게으른	학생

핵심 17. You are a kind nurse. 당신은 친절한 간호사입니다.

You	are	a	kind	nurse
너는	~이다	한 명의	친절한	간호사

핵심 18. He is tired now. 그는 지금 피곤하다.

He	is	tired	now
그는	~이다	피곤한	지금

핵심 19. She is nine years old. 그녀는 아홉 살이다.

She	is	nine years old
그녀는	~이다	아홉 살

※ 나이를 표현할 때: 숫자 + years old

핵심 20. They are very clever. 그들은 매우 총명하다.

They	are	very	clever
그들은	~이다	매우	총명한

핵심 21. I, You, He, They처럼 주로 문장의 앞에 오며 문장의 주인 역할을 하는 말을 주어라고 한다. 주어 뒤에는 '~은', '~는', '~이', '~가'가 붙는다.

핵심 22. 이렇게 '~이다'를 의미하는 동사에는 3개가 있다.
　　　　① am ② are ③ is
　　　　이 세 개의 동사를 Be 동사라고 한다.

핵심 23. Be 동사 세 개는 뜻은 같으나 쓰일 때가 다르다.

주어가 I일 때	am
주어가 You이거나 복수일 때	are
그 외의 모든 경우에는(3인칭 단수)	is

확인 문제 2

다음 밑줄 위에 알맞은 Be 동사를 적어 보세요.

1. He ___ handsome.	그는 잘생겼다.
2. She ___ my cute girl.	그녀는 나의 귀여운 소녀이다.
3. Their cats ___ sick.	그들의 고양이들이 아프다.
4. Tom and Mary ___ tired.	탐과 메리는 피곤하다.
5. I ___ a soccer player.	나는 축구 선수이다.
6. My hair ___ black.	나의 머리카락은 검다.
7. Your room ___ large.	너의 방은 크다.
8. Here ___ your hat.	여기에 너의 모자가 있다.
9. Her books ___ dirty.	그녀의 책들은 더럽다.
10. Their parents ___ rich.	그들의 부모님은 부자이다.
11. I ___ ___ idle boy.	나는 게으른 소년이다.
12. You ___ ___ ___ nurse.	당신은 친절한 간호사입니다.
13. I ___ ___ old.	나는 열 살이다.
14. He ___ ___ ___ old.	그는 아홉 살이다.
15. You ___ ___ ___ old.	너는 일곱 살이다.
16. ___ am a doctor.	나는 의사이다.
17. This ___ a bird.	이것은 새이다.
18. You ___ a farmer.	당신은 농부입니다.

unit 3 보어

핵심 24. I am a student. 나는 학생이다. 여기에서 'a student'와 같이 주어(I)에 대해 보충해서 알려 주는 말을 보어라고 한다.

※ 보어를 구분하는 법: Be 동사 다음에 나오는 말은 형용사가 되었든 명사가 되었든 보어이다.
① I am a teacher. 여기서는 명사 'a teacher'가 주어 I의 보어로 쓰였다.
② He is handsome. 여기서는 형용사 'handsome'이 주어 He의 보어로 쓰였다.
  (둘 다 주어를 보충 설명하는 주격 보어)

※ 목적격 보어에 대해서는 나중에 설명한다.

핵심 25. He is tired. 그는 피곤하다. 여기서는 형용사 'tired'가 보어로 사용되었다.
  (역시 주격 보어)

📝 확인 문제 3

다음 문장들에서 주어에는 네모를 그리고, 보어에는 동그라미를 그리세요.

1. I am a smart student.
2. The sea is red.
3. This is an eye.
4. The bird is pretty.
5. She is a player.
6. He is kind.
7. They were rich farmers.

unit 4 Be 동사의 축약형

핵심 26. 아래의 표를 암기하라.

축약하기 전	축약형
I am	I'm
You are	You're
They are	They're
He is	He's

📝 확인 문제 4

다음 밑줄 친 부분의 축약형을 써 보세요.

1. <u>I am</u> very busy.   → _____
2. <u>They are</u> his brothers. → _____
3. <u>It is</u> black.   → _____

unit 5 Be 동사의 과거형

핵심 27. 아래의 표를 암기하라.

현재형	과거형
am	was
is	was
are	were

예 1) I am a teacher. 나는 선생이다. (현재)
예 2) I was a student. 나는 학생이었다. (과거)
예 3) You were a student, too. 너도 역시 학생이었다. (과거)
     ~도 역시

확인 문제 5

적합한 Be 동사로 밑줄을 채우세요.

1. I ___ beautiful then.	나는 그때 예뻤었다. (과거)
2. He ___ ten years old now.	그는 지금 10살이다. (현재)
3. Two years ago, he ___ here.	2년 전에는 여기에 있었다. (과거)
4. You ___ a student then, too.	너도 역시 그때는 학생이었다. (과거)
5. Tom and Jane ___ here now.	탐과 제인이 지금은 여기에 있다. (현재)
6. Tom and Mary ___ there three years ago.	탐과 메리는 3년 전에 거기에 있었다. (과거)
7. They ___ rich now.	그들은 지금 부유하다. (현재)
8. But they ___ poor then.	그러나 그때는 가난했다. (과거)

제4장 모범 답안

확인 문제 1

(달린다), 아름다운, 꽃, (춤춘다), (수영한다), ~이다, 어머니, (잠잔다)

확인 문제 2

1. He **is** handsome.	그는 잘생겼다.
2. She **is** my cute girl.	그녀는 나의 귀여운 소녀이다.
3. Their cats **are** sick.	그들의 고양이들이 아프다.
4. Tom and Mary **are** tired.	탐과 메리는 피곤하다.
5. I **am** a soccer player.	나는 축구 선수이다.
6. My hair **is** black.	나의 머리카락은 검다.
7. Your room **is** large.	너의 방은 크다.
8. Here **is** your hat.	여기에 너의 모자가 있다.
9. Her books **are** dirty.	그녀의 책들은 더럽다.
10. Their parents **are** rich.	그들의 부모님은 부자이다.
11. I **am an** idle boy.	나는 게으른 소년이다.
12. You **are a kind** nurse.	당신은 친절한 간호사입니다.
13. I **am ten years** old.	나는 열 살이다.
14. He **is nine years** old.	그는 아홉 살이다.
15. You **are seven years** old.	너는 일곱 살이다.
16. I am a doctor.	나는 의사이다.
17. This **is** a bird.	이것은 새이다.
18. You **are** a farmer.	당신은 농부입니다.

확인 문제 3

1. [I] am a smart (student).
2. [The sea] is (red).
3. [This] is (an eye).
4. [The bird] is (pretty).
5. [She] is a player.
6. [He] is (kind).
7. [They] were rich (farmers).

확인 문제 4

1. I am very busy.   →   I'm
2. They are his brothers. →   They're
3. It is black.   →   It's

확인 문제 5

1. I was beautiful then.	나는 그때 예뻤었다. (과거)
2. He is ten years old now.	그는 지금 10살이다. (현재)
3. Two years ago, he was here.	2년 전에는 여기에 있었다. (과거)
4. You were a student then, too.	너도 역시 그때는 학생이었다. (과거)
5. Tom and Jane are here now.	탐과 제인이 지금은 여기에 있다. (현재)
6. Tom and Mary were there three years ago.	탐과 메리는 3년 전에 거기에 있었다. (과거)
7. They are rich now.	그들은 지금 부유하다. (현재)
8. But they were poor then.	그러나 그때는 가난했다. (과거)

제4장 확인 문제

📝 확인 문제 1 (핵심 15)

다음 중 동사를 찾아 동그라미를 쳐 보세요.

> 달린다, 아름다운, 꽃, 춤춘다, 수영한다, ~이다, 어머니, 잠잔다

📝 확인 문제 2 (핵심 16~23)

다음 밑줄 위에 알맞은 Be 동사를 적어 보세요.

1. He ___ handsome.	그는 잘생겼다.
2. She ___ my cute girl.	그녀는 나의 귀여운 소녀이다.
3. Their cats ___ sick.	그들의 고양이들이 아프다.
4. Tom and Mary ___ tired.	탐과 메리는 피곤하다.
5. I ___ a soccer player.	나는 축구 선수이다.
6. My hair ___ black.	나의 머리카락은 검다.
7. Your room ___ large.	너의 방은 크다.
8. Here ___ your hat.	여기에 너의 모자가 있다.
9. Her books ___ dirty.	그녀의 책들은 더럽다.
10. Their parents ___ rich.	그들의 부모님은 부자이다.
11. I ___ ___ idle boy.	나는 게으른 소년이다.
12. You ___ ___ ___ nurse.	당신은 친절한 간호사입니다.
13. I ___ ___ old.	나는 열 살이다.
14. He ___ ___ ___ old.	그는 아홉 살이다.
15. You ___ ___ ___ old.	너는 일곱 살이다.
16. ___ am a doctor.	나는 의사이다.
17. This ___ a bird.	이것은 새이다.
18. You ___ a farmer.	당신은 농부입니다.

확인 문제 3 (핵심 24~25)

다음 문장들에서 주어에는 네모를 그리고, 보어에는 동그라미를 그리세요.

1. I am a smart student.
2. The sea is red.
3. This is an eye.
4. The bird is pretty.
5. She is a player.
6. He is kind.
7. They were rich farmers.

확인 문제 4 (핵심 26)

다음 밑줄 친 부분의 축약형을 써 보세요.

1. I am very busy.   → _____
2. They are his brothers.   → _____
3. It is black.   → _____

확인 문제 5 (핵심 27)

적합한 Be 동사로 밑줄을 채우세요.

1. I ___ beautiful then.	나는 그때 예뻤었다. (과거)
2. He ___ ten years old now.	그는 지금 10살이다. (현재)
3. Two years ago, he ___ here.	2년 전에는 여기에 있었다. (과거)
4. You ___ a student then, too.	너도 역시 그때는 학생이었다. (과거)
5. Tom and Jane ___ here now.	탐과 제인이 지금은 여기에 있다. (현재)
6. Tom and Mary ___ there three years ago.	탐과 메리는 3년 전에 거기에 있었다. (과거)
7. They ___ rich now.	그들은 지금 부유하다. (현재)
8. But they ___ poor then.	그러나 그때는 가난했다. (과거)

제5장
Be 동사의 부정문과 의문문

unit 1 Be 동사의 부정문

핵심 28. "~가 아니다"라고 표현하는 문장을 부정문이라 한다.
　　　　Be 동사가 있는 문장을 부정문으로 바꾸기 위해서는 Be 동사 다음에 not만 붙이면 된다.

예) I am not happy. 나는 행복하지 않다.

📝 확인 문제 1

다음 밑줄을 채우세요. (시제에도 유의하면서)

1. I am ___ tall.	나는 키가 크지 않다. (현재)
2. He ___ not f___.	그는 정직하지 않았다. (과거)
3. The weather ___ ___ hot two days ago.	이틀 전에는 날씨가 덥지 않았다. (과거)
4. It is ___ cool.	날씨가 선선하지 않다. (현재)
5. He ___ ___ t___.	그는 키가 크지 않다. (현재)
6. I ___ ___ sad then.	나는 그때 슬프지 않았다. (과거)
7. The babies ___ not ___.	아기들은 여기에 있지 않다. (현재)
8. The ___ ___ ___ s___.	칼들이 날카롭지 않다. (현재)
9. The couple ___ ___ happy at first.	그 부부는 처음에는 행복하지 않았다. (과거)
10. Tom and Mary ___ ___ a couple.	탐과 메리는 부부가 아니다. (현재)
11. The bottle ___ ___ b___.	그 병은 크지 않다. (현재)
12. The wood ___ ___ h___.	그 나무는 무겁지 않았다. (과거)

핵심 29. is not의 축약형은 isn't이며 are not의 축약형은 aren't이며 am not의 축약형은 없다. 과거형 was not의 축약형은 wasn't이며 were not의 축약형은 weren't이다.

확인 문제 2

다음 밑줄 친 부분의 be동사와 not이 결합된 적합한 축약형을 써 보세요.

1. They ____ farmers.	그들은 농부들이 아니다. (현재)
2. He ____ rich three years ago.	그는 3년 전에는 부자가 아니었다. (과거)
3. The students ____ quiet.	학생들이 조용하지 않았다. (과거)
4. He ____ ugly.	그는 못생기지 않았다. (현재)
5. She ____ lovely then.	그녀는 그때는 사랑스럽지 않았다. (과거)
6. My parents ____ unhappy yesterday.	나의 부모님은 어제 불행하지 않았다. (과거)

unit 2 Be 동사의 의문문 만들기

핵심 30. Be 동사가 들어있는 문장을 의문문으로 바꾸기 위해서는 Be 동사와 주어의 자리를 바꾸고 문장 끝에 '?'만 붙이면 된다.

예 1) You are a fool. 너는 바보다.
　　　Are you a fool? 너 바보냐?
예 2) The singer is handsome. 그 가수는 잘생겼다.
　　　Is the singer handsome? 그 가수 잘생겼냐?

확인 문제 3

적합한 단어로 밑줄을 채워 보세요. (시제에 유의하며)

1. 당신은 수학 선생님입니까?	___ you a math teacher? (현재)
2. 그는 2년 전에 가난했니?	___ ___ poor two years ___? (과거)
3. 운동장에 나무 두 그루가 있었니?	___ there two trees on the playground? (과거)
4. 그는 키가 크니?	___ ___ t___? (현재)
5. 이 문제 어렵니?	___ ___ problem difficult? (현재)
6. 이 문제들 어렵니?	___ ___ problems ___?(현재)
7. 그 문제들 어려웠니?	___ the problems ___? (과거)
8. 저 나무들 비싸니?	___ ___ trees expensive? (현재)
9. 그가 경기 후에 피곤했니?	___ ___ tired after game? (과거)

unit 3 Be 동사의 의문문에 답하기

핵심 31. You로 물어보면 I로 답한다.

  예) A: Are you sick now? 너 지금 아프니?
    B: Yes, I am (sick). 또는 No, I am not (sick).
  ※ 이때 sick은 물어볼 때 한번 사용했으므로 대답할 때는 보통 생략한다.

핵심 32. this나 that로 물어보면 it로 답한다.

  예) A: Is this wine expensive? 이 포도주 비싸니?
    B: No, it's not (expensive). 또는 Yes, it is (expensive).
  ※ expensive는 생략 가능하다.

핵심 33. these나 those로 물어보면 they로 답한다.

  예) A: Are these youths helpful? 이 젊은이들이 도움이 됩니까?
    B: Yes, they are. 또는 No, they aren't.

핵심 34. 과거로 물어보면 과거로 답한다.

  예) A: Were you rich? 너는 부자였니?
    B: Yes, I was.

핵심 35. 정관사 the는 이미 앞에서 언급되었거나 문맥상 쉽게 알 수 있는 사물이나 사람 앞에 쓴다. '그'라고 해석되나 해석하지 않아도 되는 경우도 많다. (더 많은 설명은 나중에)

  예) You have a dog. I like the dog.
    너는 개를 가지고 있다. 나는 그 개를 좋아한다.

unit 4 There is ~ 구문

핵심 36. There is(are) ~: 어디에 ~(들)이 있다.

  예) There is an orange in the box. 상자 안에 오렌지가 한 개 있다.
  ※ Be 동사 there(~에 무엇이 있니?)로 물어보면 there Be 동사로 대답한다.
    Be 동사가 있는 문장은 Be 동사가 앞으로만 나가면 의문문이 된다.
  예) A: Is there a boy in the classroom? 교실 안에 소년이 있니?
    B: Yes, there is 또는 No, there isn't.

확인 문제 4

적합한 단어로 밑줄을 채워 보세요.

1. There ___ a tree on the playground.	운동장에 나무 한 그루가 있었다. (과거)
2. ___ ___ three students ___ the classroom.	교실 안에 세 명의 학생이 있다. (현재)
3. There ___ three cats ___ the table.	테이블 아래 세 마리의 고양이가 있었다. (과거)
4. ___ ___ an orange on the table.	테이블 위에 오렌지가 한 개 있다. (현재)
5. ___ ___ a dog in the house?	집 안에 개 한 마리가 있니? (현재)
6. ___ ___ two white houses by the river?	강 옆에 두 채의 하얀 집이 있었니? (과거)
7. A: Are you sick? 　B: ___, ___ ___.	A: 너 아프니? B: 그래, 아파.
8. A: Is this expensive? 　B: ___, ___ ___.	A: 이거 비싸니? B: 아니, 안 비싸.
9. A: Were they kind? 　B: ___, ___ ___.	A: 그들은 친절했니? B: 그래, 친절했어.
10. A: Were you poor? 　B: ___, ___ ___.	A: 너는 가난했니? B: 응, 가난했어.
11. I bought a dog yesterday. 　I lost ___ dog this morning.	나는 어제 개 한 마리를 샀다. 나는 오늘 아침 그 개를 잃어 버렸다.
12. He gave me a pen. I gave ___ pen to my sister.	그는 나에게 펜을 한 자루 주었다. 나는 그 펜을 나의 누이에게 주었다.
13. ___ ___ an orange ___ the box.	박스 안에 오렌지가 한 개 있다. (현재)
14. A: ___ ___ an orange ___ the box? 　B: ___, ___ is.	A: 박스 안에 오렌지가 한 개 있니? B: 그래, 있어.
15. ___ two oranges ___ the box.	박스 안에 오렌지가 둘 있다.
16. A: ___ two oranges ___ the table? 　B: ___, ___ ___.	A: 테이블 위에 오렌지가 두 개 있니? B: 아니, 없어.
17. ___ ___ two books ___ the table.	테이블 아래에 책이 두 권 있었다. (과거)
18. A: ___ ___ two books ___ the window? 　B: ___, ___ ___.	A: 창문 옆에 책이 두 권 있었니?(과거) B: 그래, 있었어.

확인 문제 5

다음 중 대화가 어색한 곳을 찾아 고쳐 보세요.

1. A: Are you tired?
   B: Yes, you are tired.

2. A: Was there the man in the library?
   B: Yes, there is.

3. A: Is this your money?
   B: Yes, this is your money.

4. A: Are these candies yours?
   B: No, it isn't.

5. A: Were the men in the office kind?
   B: Yes, he was.

unit 5 Be 동사의 부정 의문문

핵심 37. 너 바보 아니니? Aren't you a fool?
　　　 그가 가난하지 않니? Isn't he poor?
　　　 그들이 아프지 않니? Aren't they sick?

확인 문제 6

밑줄 위에 적합한 단어를 넣어 문장을 완성하세요.

1. ___ you thirsty now?	너 지금 목마르지 않니?
2. ___ he a rich man?	그는 부자 아니니?
3. ___ it ___ outside?	바깥에 덥지 않니?
4. ___ they idle?	그들은 게으르지 않니?
5. ___ you t___?	너 피곤하지 않니?
6. ___ they rich?	그들은 부자 아니었니? (과거)
7. ___ he kind?	그는 친절하지 않았니? (과거)
8. ___ your friends good?	너의 친구들은 착하지 않니?
9. ___ your friends good?	너의 친구들은 착하지 않았니?(과거)

핵심 38. Be 동사의 부정 의문문에 답하는 방법

예) Aren't you hungry now? 너 배고프지 않니?
　　Yes, I am. 그래 배가 고프다. / No, I am not. 아니, 배가 고프지 않다.

즉 무엇이라고 물었는지에 관계없이 뒤에 나오는 문장이 긍정문이면 Yes, 부정문이면 No로 답한다.

확인 문제 7

밑줄을 적합한 단어로 채워 보세요.

1. A: Aren't you thirsty?
   B: ___, I ___ ___. 아니, 목 안 마른데.

2. A: Aren't they angry?
   B: ___, ___ ___. 그래, 화났어.

3. A: ___ he a rich man? 그는 부자 아니니?
   B: ___, ___ ___. 응, 그는 부자야.

4. A: ___ they rich? 그들은 부자 아니었니? (과거)
   B: ___, they ___. 아니, 그들은 부자가 아니었다.

5. A: ___ he kind? 그는 친절하지 않니? (과거)
   B: ___, ___ ___. 그래, 그는 친절했어.

6. A: ___ your friends good? 너의 친구들은 착하지 않니?
   B: ___, ___ ___. 응, 착해.

7. A: ___ your friends good? 너의 친구들은 착하지 않았니?(과거)
   B: ___, ___ ___. 아니, 착하지 않았어.

핵심 39. What is this? = What's this? 이것은 무엇이니?
        What is that? = What's that? 저것은 무엇이니?

※ What(무엇)은 의문사로서 항상 문장의 앞에 나온다.
   A: What is this? 이것은 무엇이니?
   B: It's a book. 그것은 책이다.

📝 확인 문제 8

밑줄을 채워 보세요.

1. ___ is this? 이것은 무엇입니까?
 = ___ this?

2. What is ___? 저것은 무엇입니까?

제5장 모범 답안

확인 문제 1

1. not   2. was, frank   3. was, not   4. not   5. is, not, tall
6. was, not   7. are, here   8. knives, are, not, sharp   9. were, not
10. are, not   11. is, not, big   12. was, not, heavy

확인 문제 2

1. aren't   2. wasn't   3. weren't   4. isn't   5. wasn't   6. weren't

확인 문제 3

1. Are   2. Was, he, ago   3. Were   4. Is, he, tall   5. Is, this
6. Are, these, difficult   7. Were, difficult   8. Are, those   9. Was, he

확인 문제 4

1. was   2. There are in   3. There were under   4. There is
5. Is there   6. Were there   7. Yes, I am.   8. No, it isn't
9. Yes, they were.   10. Yes, I was.   11. the   12. the
13. There is, in   14. Is there, in / Yes, there is.   15. There are, in
16. Are, there, on / No, they, aren't.   17. There were, under
18. Were there, by / Yes, there were.

📝 확인 문제 5

1. A: Are you tired?
   B: Yes, I am tired.

2. A: Was there the man in the library?
   B: Yes, there was.

3. A: Is this your money?
   B: Yes, it is my money.

4. A: Are these candies yours?
   B: No, they aren't.

5. A: Were the men in the office kind?
   B: Yes, they were.

📝 확인 문제 6

1. Aren't 2. Isn't 3. Isn't, hot 4. Aren't 5. Aren't, tired
6. Weren't 7. Wasn't 8. Aren't 9. Weren't

📝 확인 문제 7

1. No, I am not. 2. Yes, they are. 3. Isn't / Yes, he is.
4. Weren't / No, they weren't. 5. Wasn't / Yes, he was.
6. Aren't / Yes, they are. 7. Weren't / No, they weren't.

📝 확인 문제 8

1. What is this? 이것은 무엇입니까?
   = What's this?

2. What is that? 저것은 무엇입니까?

제5장 확인 문제

📝 확인 문제 1 (핵심 28)

다음 밑줄을 채우세요. (시제에도 유의하면서)

1. I am ___ tall.	나는 키가 크지 않다. (현재)
2. He ___ not f___.	그는 정직하지 않았다. (과거)
3. The weather ___ ___ hot two days ago.	이틀 전에는 날씨가 덥지 않았다. (과거)
4. It is ___ cool.	날씨가 선선하지 않다. (현재)
5. He ___ ___ t___.	그는 키가 크지 않다. (현재)
6. I ___ ___ sad then.	나는 그때 슬프지 않았다. (과거)
7. The babies ___ not ___.	아기들은 여기에 있지 않다. (현재)
8. The ___ ___ ___ s___.	칼들이 날카롭지 않다. (현재)
9. The couple ___ ___ happy at first.	그 부부는 처음에는 행복하지 않았다. (과거)
10. Tom and Mary ___ ___ a couple.	탐과 메리는 부부가 아니다. (현재)
11. The bottle ___ ___ b___.	그 병은 크지 않다. (현재)
12. The wood ___ ___ h___.	그 나무는 무겁지 않았다. (과거)

📝 확인 문제 2 (핵심 29)

다음 밑줄 친 부분의 be동사와 not이 결합된 적합한 축약형을 써 보세요.

1. They ____ farmers.	그들은 농부들이 아니다. (현재)
2. He ____ rich three years ago.	그는 3년 전에는 부자가 아니었다. (과거)
3. The students ____ quiet.	학생들이 조용하지 않았다. (과거)
4. He ____ ugly.	그는 못생기지 않다. (현재)
5. She ____ lovely then.	그녀는 그때는 사랑스럽지 않았다. (과거)
6. My parents ____ unhappy yesterday.	나의 부모님은 어제 불행하지 않았다. (과거)

확인 문제 3 (핵심 30)

적합한 단어로 밑줄을 채우세요. (시제에 유의하며)

1. 당신은 수학 선생님입니까?	___ you a math teacher? (현재)
2. 그는 2년 전에 가난했니?	___ ___ poor two years ___? (과거)
3. 운동장에 나무 두 그루가 있었니?	___ there two trees on the playground? (과거)
4. 그는 키가 크니?	___ ___ t___? (현재)
5. 이 문제 어렵니?	___ ___ problem difficult? (현재)
6. 이 문제들 어렵니?	___ ___ problems ___? (현재)
7. 그 문제들 어려웠니?	___ the problems ___? (과거)
8. 저 나무들 비싸니?	___ ___ trees expensive? (현재)
9. 그가 경기 후에 피곤했니?	___ ___ tired after game? (과거)

확인 문제 4 (핵심 31~36)

적합한 단어로 밑줄을 채워 보세요.

1. There ___ a tree on the playground.	운동장에 나무 한 그루가 있었다. (과거)
2. ___ ___ three students ___ the classroom.	교실 안에 세 명의 학생이 있다. (현재)
3. There ___ three cats ___ the table.	테이블 아래 세 마리의 고양이가 있었다. (과거)
4. ___ ___ an orange on the table.	테이블 위에 오렌지가 한 개 있다. (현재)
5. ___ ___ a dog in the house?	집 안에 개 한 마리가 있니? (현재)
6. ___ ___ two white houses by the river?	강 옆에 두 채의 하얀 집이 있었니? (과거)
7. A: Are you sick? 　B: ___, ___ ___.	A: 너 아프니? B: 그래, 아파.
8. A: Is this expensive? 　B: ___, ___ ___.	A: 이거 비싸니? B: 아니, 안 비싸.
9. A: Were they kind? 　B: ___, ___ ___.	A: 그들은 친절했니? B: 그래, 친절했어.
10. A: Were you poor? 　B: ___, ___ ___.	A: 너는 가난했니? B: 응, 가난했어.
11. I bought a dog yesterday. 　I lost ___ dog this morning.	나는 어제 개 한 마리를 샀다. 나는 오늘 아침 그 개를 잃어 버렸다.
12. He gave me a pen. 　I gave ___ pen to my sister.	그는 나에게 펜을 한 자루 주었다. 나는 그 펜을 나의 누이에게 주었다.
13. ___ ___ an orange ___ the box.	박스 안에 오렌지가 한 개 있다. (현재)
14. A: ___ ___ an orange ___ the box? 　B: ___, ___ is.	A: 박스 안에 오렌지가 한 개 있니? B: 그래, 있어.
15. ___ ___ two oranges ___ the box.	박스 안에 오렌지가 둘 있다.
16. A: ___ ___ two oranges ___ the table? 　B: ___, ___ ___.	A: 테이블 위에 오렌지가 두 개 있니? B: 아니, 없어.
17. ___ ___ two books ___ the table.	테이블 아래에 책이 두 권 있었다. (과거)
18. A: ___ ___ two books ___ the window? 　B: ___, ___ ___.	A: 창문 옆에 책이 두 권 있었니?(과거) B: 그래, 있었어.

확인 문제 5 (핵심 31~36)

다음 중 대화가 어색한 곳을 찾아 고쳐 보세요.

1. A: Are you tired?
   B: Yes, you are tired.

2. A: Was there the man in the library?
   B: Yes, there is.

3. A: Is this your money?
   B: Yes, this is your money.

4. A: Are these candies yours?
   B: No, it isn't.

5. A: Were the men in the office kind?
   B: Yes, he was.

확인 문제 6 (핵심 37)

밑줄 위에 적합한 단어를 넣어 문장을 완성하세요.

1. ___ you thirsty now?	너 지금 목마르지 않니?
2. ___ he a rich man?	그는 부자 아니니?
3. ___ it ___ outside?	바깥에 덥지 않니?
4. ___ they idle?	그들은 게으르지 않니?
5. ___ you t___?	너 피곤하지 않니?
6. ___ they rich?	그들은 부자 아니었니? (과거)
7. ___ he kind?	그는 친절하지 않았니? (과거)
8. ___ your friends good?	너의 친구들은 착하지 않니?
9. ___ your friends good?	너의 친구들은 착하지 않았니?(과거)

확인 문제 7 (핵심 38)

밑줄을 적합한 단어로 채워 보세요.

1. A: Aren't you thirsty?
   B: ___, I ____ ____. 아니, 목 안 마른데.

2. A: Aren't they angry?
   B: ____, ____ ____. 그래, 화났어.

3. A: ___ he a rich man? 그는 부자 아니니?
   B: ___, ___ ___. 응, 그는 부자야.

4. A: ___ they rich? 그들은 부자 아니었니? (과거)
   B: ___, ___ ___. 아니, 그들은 부자가 아니었다.

5. A: ___ he kind? 그는 친절하지 않았니? (과거)
   B: ___, ___ ___. 그래, 그는 친절했어.

6. A: ___ your friends good? 너의 친구들은 착하지 않니?
   B: ___, ___ ___. 응, 착해.

7. A: ___ your friends good? 너의 친구들은 착하지 않았니?(과거)
   B: ___, ___ ___. 아니, 착하지 않았어.

확인 문제 8 (핵심 39)

밑줄을 채워 보세요.

1. ___ is this? 이것은 무엇입니까?
   = ___ this?

2. What is ___? 저것은 무엇입니까?

제6장 전치사

unit 1 개념과 단어 공부

핵심 40. 전치사는 명사나 대명사 앞에 붙으며 명사와 대명사와의 관계를 나타낸다.
(아래 표에 나오는 전치사들의 뜻 암기)

전치사	기본 뜻	사용 예
to	~에게, ~로	go to school. 학교에 가다. speak to me. 나에게 말하다.
from	~로부터	from Seoul to Busan 서울서 부산까지 I am from Korea. 나는 한국에서 왔다.
with	① ~와 함께 ② ~를 가지고	go with him. 그와 함께 가다. come with a pen. 펜을 가지고 오다.
in	① ~ 안에 ② ~을 입고 ③ 연, 월 앞에 in	in the classroom 교실 안에 in Seoul 서울에 in a red jacket 빨간 재킷을 입고 in March 3월에 sick in bed 아파서 침대에 누워 있는
into	~ 안으로	into the building 빌딩 안으로
at	① ~에(장소) ② ~시에(시간)	at the hospital 병원에서 (도시와 같은 큰 장소 앞에는 in, 비교적 작은 장소 앞에는 at을 붙인다.) at seven o'clock 7시에
on	~ 위에(표면 위에 붙어)	on the table 테이블 위에 on the wall 벽에
below	~ 아래로	go below. 아래로 내려가다.
above	~ 위로	fly above the trees. 나무들 위로 날다.
under	~ 아래에	under the table 테이블 아래
by	① ~에 의하여 ② ~ 옆에	by the window 창문 옆에 by me 나에 의하여
behind	~ 뒤에	behind the tree 나무 뒤에
for	① ~를 위하여 ② ~ 동안	for two months 2달 동안 for them 그들을 위하여
about	① ~에 관하여 ② 대략	about the business 사업에 대하여 about 5 meters 약 5미터

확인 문제 1

알맞은 전치사로 밑줄을 채워 보세요.

1. go ___ school.	학교에 가다.
2. speak ___ me.	나에게 말하다.
3. ___ Seoul ___ Busan.	서울서 부산까지
4. go ___ me.	나와 함께 가다.
5. ___ Seoul.	서울에서
6. ___ March.	3월에
7. fly ___ the trees.	나무 위를 날다.
8. ___ the window.	창문 옆에
9. ___ a red blouse.	빨간 블라우스를 입고
10. ___ the tree.	나무 뒤에
11. ___ him.	그에 관하여
12. ___ the wall.	벽에
13. ___ seven o'clock.	7시에
14. I am ___ Daegu.	나는 대구 출신이다.
15. ___ the hospital.	병원에서
16. ___ 5 meters.	약 5미터
17. Three students are ___ the classroom.	세 명의 학생이 교실 안에 있다.
18. I walk ___ school.	나는 학교로 걸어서 간다.
19. I live ___ Seoul.	나는 서울에 산다.
20. Two books were ___ the desk.	두 권의 책이 책상 위에 있었다.
21. Two girls were ___ the window.	두 명의 소녀가 창문 옆에 있었다.
22. He is sick ___ bed.	그는 아파서 누워 있다.
23. I played tennis ___ him.	나는 그와 함께 테니스를 쳤다.
24. A cat is ___ the table.	고양이 한 마리가 테이블 아래 있다.
25. We met ___ the bank.	우리는 은행에서 만났다.
26. I am ___ Seoul.	나는 서울 출신이다.
27. He is ___ me in math.	그는 수학에서 나보다 위다.

핵심 41. 전치사 뒤에 인칭 대명사(I, you, she 등)가 올 때는 항상 목적격 형태로 온다.

확인 문제 2

다음 (   )의 단어 중 알맞은 것을 고르세요.

1. I was with (her, she).
2. I was happy with (him, his, he).
3. He is above (I, me, my) in English.
4. You speak to (they, their, them).

unit 2 인사말

핵심 42. 아래의 기본 인사말을 암기하라.

Good morning.	안녕하세요. (아침 인사)
Good afternoon.	안녕하세요. (오후 인사)
Good evening.	안녕하세요. (저녁 인사)
Hi.	안녕.
Hello.	여보세요? (또는) 안녕하세요.
Thank you.	감사합니다.
Welcome to Seoul.	서울에 오신 것을 환영합니다.
How are you doing?	안녕하세요?
How are you?	안녕하세요?
Glad to meet you.	만나서 반갑다.
How do you do?	처음 뵙겠습니다.

확인 문제 3

보기에서 알맞은 말을 골라 인사말을 완성하세요.

> welcome, hi, good, thank, afternoon

1. _____ morning.	아침에 하는 인사
2. _____ you.	감사합니다.
3. _____ to Korea.	한국에 온 것을 환영한다.
4. Good _____.	오후에 하는 인사
5. _____.	안녕!
6. _____ to meet you.	만나서 반갑다.
7. _____ are you?	안녕?
8. _____ are you d_____?	안녕하세요?

핵심 43. **Thank** you **for** your letter. 당신의 편지에 대해 감사합니다.

※ thank + 사람 + for ~: ~에 대해 누구에게 감사합니다.

핵심 44. **Thank you.** 대한 답들

① You're welcome. 천만에요.

② It's my pleasure. 저도 기뻐요.

※ pleasure [플레쥐] 기쁨

③ Don't mention it. 그런 말씀 하지 마세요.

※ Don't ~하지 마라 mention [맨션] 언급하다 ★ 연상: 맨손으로 말만 한다

④ No problem. 문제없어, 뭘 그런 걸 가지고.

※ problem [플라블럼] 문제 ★ 연상: 풀어 보렴 문제를

핵심 45. I am good at soccer. 나는 축구를 잘한다.

※ be good at ~: ~을 잘하다.
be poor at ~: ~을 잘 못하다.

핵심 46. She listens to songs in English. 그녀는 영어로 노래를 듣는다.

※ listen to ~: ~을 듣다.
in 언어: 어떤 언어로

📝 확인 문제 4

밑줄을 적합한 단어로 채우세요.

1. Thank you _____ your help.	당신의 도움에 대해 감사합니다.	
2. I am good _____ English.	나는 영어를 잘한다.	
3. He talked to me _____ Korean.	그는 나에게 한국말로 말했다.	
4. I thank _____ _____ this gift.	이 선물에 대해 그에게 감사한다.	
5. _____ welcome.	천만에요.	"Thank you."라고 답할 때 쓰는 말
6. _____ my _____.	저도 기뻐요.	
7. _____ mention it.	천만에요, 그런 말씀 마세요.	
8. _____ problem.	괜찮아요.	

제6장 모범 답안

📝 확인 문제 1

1. Go to school.	학교에 가다.
2. Speak to me.	나에게 말하다.
3. From Seoul to Busan.	서울서 부산까지
4. Go with me.	나와 함께 가다.
5. In Seoul.	서울에서
6. In March.	3월에
7. Fly above the trees.	나무 위를 날다.
8. By the window.	창문 옆에
9. In a red blouse.	빨간 블라우스를 입고
10. Behind the tree.	나무 뒤에
11. About him.	그에 관하여
12. On the wall.	벽에
13. At seven o'clock.	7시에
14. I am from Daegu.	나는 대구 출신이다.
15. At the hospital.	병원에서
16. About 5 meters.	약 5미터
17. Three students are in the classroom.	세 명의 학생이 교실 안에 있다.
18. I walk to school.	나는 학교로 걸어서 간다.
19. I live in Seoul.	나는 서울에 산다.
20. Two books were on the desk.	두 권의 책이 책상 위에 있었다.
21. Two girls were by the window.	두 명의 소녀가 창문 옆에 있었다.
22. He is sick in bed.	그는 아파서 누워 있다.
23. I played tennis with him.	나는 그와 함께 테니스를 쳤다.
24. A cat is under the table.	고양이 한 마리가 테이블 아래 있다.
25. We met at the bank.	우리는 은행에서 만났다.
26. I am from Seoul.	나는 서울 출신이다.
27. He is above me in math.	그는 수학에서 나보다 위다.

확인 문제 2

1. I was with her.
2. I was happy with him.
3. He is above me in English.
4. You speak to them

확인 문제 3

1. Good morning.	아침에 하는 인사
2. Thank you.	감사합니다.
3. Welcome to Korea.	한국에 온 것을 환영한다.
4. Good afternoon.	오후에 하는 인사
5. Hi.	안녕!
6. Glad to meet you.	만나서 반갑다.
7. How are you?	안녕?
8. How are you doing?	안녕하세요?

확인 문제 4

1. Thank you for your help.	당신의 도움에 대해 감사합니다.	
2. I am good at English.	나는 영어를 잘한다.	
3. He talked to me in Korean.	그는 나에게 한국말로 말했다.	
4. I thank him for this gift.	이 선물에 대해 그에게 감사한다.	
5. You're welcome.	천만에요.	"Thank you."라고 답할 때 쓰는 말
6. It's my pleasure.	저도 기뻐요.	
7. Don't mention it.	천만에요, 그런 말씀 마세요.	
8. No problem.	괜찮아요.	

제6장 확인 문제

📝 확인 문제 1 (핵심 40)

알맞은 전치사로 밑줄을 채워 보세요.

1. go ___ school.	학교에 가다.
2. speak ___ me.	나에게 말하다.
3. ___ Seoul ___ Busan.	서울서 부산까지
4. go ___ me.	나와 함께 가다.
5. ___ Seoul.	서울에서
6. ___ March.	3월에
7. fly ___ the trees.	나무 위를 날다.
8. ___ the window.	창문 옆에
9. ___ a red blouse.	빨간 블라우스를 입고
10. ___ the tree.	나무 뒤에
11. ___ him.	그에 관하여
12. ___ the wall.	벽에
13. ___ seven o'clock.	7시에
14. I am ___ Seoul.	나는 서울 출신이다.
15. ___ the hospital.	병원에서
16. ___ 5 meters.	약 5미터
17. Three students are ___ the classroom.	세 명의 학생이 교실 안에 있다.
18. I walk ___ school.	나는 학교로 걸어서 간다.
19. I live ___ Seoul.	나는 서울에 산다.
20. Two books were ___ the desk.	두 권의 책이 책상 위에 있었다.
21. Two girls were ___ the window.	두 명의 소녀가 창문 옆에 있었다.
22. He is sick ___ bed.	그는 아파서 누워 있다.
23. I played tennis ___ him.	나는 그와 함께 테니스를 쳤다.
24. A cat is ___ the table.	고양이 한 마리가 테이블 아래 있다.
25. We met ___ the bank.	우리는 은행에서 만났다.
26. I am ___ Seoul.	나는 서울 출신이다.
27. He is ___ me in math.	그는 수학에서 나보다 위다.

확인 문제 2 (핵심 41)

다음 (   )의 단어 중 알맞은 것을 고르세요.

1. I was with (her, she).
2. I was happy with (him, his, he).
3. He is above (I, me, my) in English.
4. You speak to (they, their, them)

확인 문제 3 (핵심 42)

보기에서 알맞은 말을 골라 인사말을 완성하세요.

welcome, hi, good, thank, afternoon

1. _____ morning.	아침에 하는 인사
2. _____ you.	감사합니다.
3. _____ to Korea.	한국에 온 것을 환영한다.
4. Good _____.	오후에 하는 인사
5. _____.	안녕!
6. _____ to meet you.	만나서 반갑다.
7. _____ are you?	안녕?
8. _____ are you d____?	안녕하세요?

확인 문제 4 (핵심 43~46)

밑줄을 적합한 단어로 채우세요.

1. Thank you _____ your help.	당신의 도움에 대해 감사합니다.	
2. I am good _____ English.	나는 영어를 잘한다.	
3. He talked to me _____ Korean.	그는 나에게 한국말로 말했다.	
4. I thank ____ ____ this gift.	이 선물에 대해 그에게 감사한다.	
5. ____ welcome.	천만에요.	"Thank you."라고 답할 때 쓰는 말
6. ____ my ____.	저도 기뻐요.	
7. ____ mention it.	천만에요, 그런 말씀 마세요.	
8. ____ problem.	괜찮아요.	

제7장 일반 동사

unit 1 개념과 단어 공부

핵심 47. 우리 말 '~다'로 끝나는, 동작을 나타내는 일반적인 말을 일반 동사라고 한다.

예) sleep, work, study

unit 2 주어에 따른 일반 동사 용법

핵심 48. 아래의 표를 유의해 보라.

나는 꽃을 좋아한다.	I like a flower.
우리들은 꽃을 좋아한다.	We like a flower.
너는 꽃을 좋아한다.	You like a flower.
그들은 꽃을 좋아한다.	They like a flower.
그는 꽃을 좋아한다.	He likes a flower.
탐과 메리는 꽃을 좋아한다	Tom and Mary like a flower.
그녀는 꽃을 좋아한다.	She likes a flower.

※ 주어가 I, You, 복수일 때: 동사 원형 (like)
　주어가 3인칭 단수일 때: 동사 원형+-s (likes)

확인 문제 1

( ) 안에서 알맞은 말을 고르세요.

1. She (feel, feels) happy.	그녀는 행복하게 느낀다.
2. The horses (drink, drinks) water.	말들이 물을 마신다.
3. Tom (love, loves) Mary.	탐은 메리를 사랑한다.
4. My father (send, sends) the letter.	나의 아빠가 편지를 보낸다.
5. That singer (sing, sings) a beautiful song.	저 가수는 아름다운 노래를 부른다.
6. She (like, likes) flowers.	그녀는 꽃을 좋아한다.
7. They (like, likes) flowers.	그들은 꽃을 좋아한다.

unit 3 일반 동사들의 3인칭 단수형 만들기

핵심 49. 아래의 표를 암기하라.

대부분의 동사	동사 원형+s	eat-eats, run-runs, like-likes
-s, -ss, -sh, -ch, x로 끝나는 동사들	동사 원형+es	teach-teaches, mix-mixes, wash-washes
자음 +o로 끝나는 동사들	동사 원형 +es	go-goes, do-does
자음 +y로 끝나는 동사들	y를 i로 바꾸고 +es	study-studies, cry-cries
※ 모음 y로 끝는 경우에는 그냥 s를 붙인다. 예) enjoy-enjoys, play-plays		
have의 3인칭 단수형	has	

확인 문제 2

다음 단어의 3인칭 단수형을 쓰세요.

1. teach → _____
2. go → _____
3. study → _____
4. have → _____
5. wash → _____
6. run → _____
7. mix → _____
8. do → _____
9. wish → _____
10. enjoy → _____
11. eat → _____
12. like → _____
13. cry → _____

확인 문제 3

다음 문장들에서 어색한 곳을 찾아 고치세요. (어색한 곳이 없는 문장은 두 개 있습니다.)

1. They has a beautiful house. 그들은 아름다운 집을 가지고 있다.
2. He follow her. 그는 그 여자를 따라간다.
3. They likes you. 그들은 너를 좋아한다.
4. This cat dislike meat. 이 고양이는 고기를 좋아하지 않는다.
5. My friends enjoys basketball. 나의 친구들은 농구를 즐긴다.
6. She have a pretty eyes. 그녀는 예쁜 눈을 가지고 있다.
7. He teach math. 그는 수학을 가르친다.
8. Mom wash the dishes after lunch. 엄마는 점심 식사 후에 설거지를 하신다.
9. He go to market by bus. 그는 버스를 타고 시장에 간다.
10. He does his homework in the library. 그는 숙제를 도서관에서 한다.
11. Brown and Jane love each other. 브라운과 제인은 서로 사랑한다.
12. She have two sisters. 그녀는 여동생이 둘 있다.

unit 4 목적어

핵심 50. '~은', '~는', '~이', '~가'가 붙는 말은 주어라고 하는데 '~를', '~을'이 붙는 말을 목적어라고 한다.

I	write	a letter
나는	쓴다	편지를
주어	동사	목적어

📝 확인 문제 4

다음 문장에서 주어에는 네모, 보어에는 동그라미, 목적어에는 세모를 그리세요.

1. The girl is my sister.
2. I drink water.
3. I think her pretty.
4. I learn English.
5. She is sad.
6. He brings bread.
7. He cleans the room.
8. I have a doll.
9. Your parents are rich.
10. I send books.

unit 5 부사

핵심 51. 동사를 꾸며 주는 말을 부사라 한다. (부사의 더 많은 역할에 대해서는 나중에 공부)

He(그는)	runs(달린다)	slowly(느리게)
주어	동사	부사
She(그 여자는)	runs(달린다)	fast(빨리)

핵심 52. 주로 형용사에 '~ly'를 붙이면 부사가 된다.

예) beautiful(아름다운)-형용사, beautifully(아름답게)-부사,
cute(귀여운)-형용사, cutely(귀엽게)-부사

핵심 53. y로 끝나는 형용사는 y를 i로 고치고 ly를 붙여 부사를 만든다.

예) happy(행복한)-happily(행복하게)
easy(쉬운)-easily (쉽게)

확인 문제 5

다음 형용사의 부사형을 적어라.

1. busy(바쁜)	_____ (바쁘게)
2. bad(나쁜)	_____ (나쁘게)
3. easy(쉬운)	_____ (쉽게)
4. glad(기쁜)	_____ (기쁘게)
5. happy(행복한)	_____ (행복하게)

확인 문제 6

다음 밑줄 위에 적당한 부사를 써 넣으세요.

1. He runs ___.	그는 빨리 달린다.
2. You work ___.	너는 열심히 일한다.
3. She dances ___.	그는 아름답게 춤춘다.
4. He teaches ___.	그는 친절하게 가르친다.
5. They clean ___.	그들은 깨끗하게 청소한다.

핵심 54. look + 형용사: ~하게 보인다.
　　　　taste + 형용사: ~한 맛이 난다.
　　　　smell + 형용사: ~한 냄새가 난다.
　　　　feel + 형용사: ~ 느끼다.
　　　　sound + 형용사: ~게 들린다.

　　　　예) The monkey in jacket looks cute . 재킷을 입은 원숭이가 귀엽게 보인다.

확인 문제 7

다음 중 맞는 것을 고르세요.

1. He looks (happily, happy). 그는 행복하게 보인다.
2. That sounds (good, well). 그것 참 좋은 생각이야(그것 참 좋게 들리는데).
3. It smells (sweet, sweetly). 그것은 달콤한 냄새가 난다.
4. It tastes (delicious, deliciouly). 그것은 맛있다.
5. I feel (sad, sadly). 나는 슬프다.

unit 6 일반 동사의 과거형

핵심 55. 일반 동사의 과거형을 만드는 방법

동사의 종류	과거형 만드는 법	예
대부분의 동사	동사 원형 +ed	talk-talked, rain-rained, play-played, want-wanted
e로 끝나는 동사	동사 원형+-d	love-loved, like-liked
자음+ y로 끝나는 동사	y를 i로 고치고 +ed	study-studied, try-tried
모음 + y 로 끝나는 경우	동사 원형 +ed	enjoy-enjoyed play-played
단모음 +단자음으로 끝나는 경우	마지막 자음을 한 번 더 쓰고 + -ed	stop-stopped, plan-planned

확인 문제 8

다음 동사의 과거형을 쓰세요.

1. want → _____
2. live   → _____
3. like   → _____
4. plan   → _____
5. play   → _____
6. stop   → _____
7. study → _____
8. enjoy → _____
9. love   → _____
10. try   → _____

핵심 56. 핵심 55처럼 규칙 변화를 하지 않고 독립적으로 외워야 하는 과거형과 과거 분사형
(과거 분사형의 쓰임은 다음에 공부할 것이지만 일단 여기서 외워 놓는 것이 필요)

현재형	과거형	과거 분사형
go 가다	went	gone
come 오다	came	come
make 만들다	made	made
know 알다	knew	known
tell 말하다	told	told
meet 만나다	met	met
run 달린다	ran	run
hear 듣다	heard	heard
teach 가르치다	taught	taught
do 하다	did	done
get 얻다	got	got
take 데리고 가다	took	taken
eat 먹다	ate	eaten
have 가지고 있다	had	had
give 주다	gave	given
say 말하다	said	said
bring 가져오다	brought	brought
send 보내다	sent	sent
write 쓰다	wrote	written
read [뤼드] 읽다	read [레드]	read
break 깨뜨리다	broke	broken
drink 마시다	drank	drunk
drive 운전하다	drove	driven
hit 치다	hit	hit
begin 시작하다	began	begun
think 생각하다	thought	thought
leave 떠나다	left	left
swim 수영하다	swam	swum
grow 자라다	grew	grown
feel 느끼다	felt	felt
buy 사다	bought	bought
lose 잃어버리다	lost	lost
sell 팔다	sold	sold
win 이기다	won	won

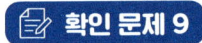 **확인 문제 9**

아래 빈 칸에 과거형과 과거 분사형을 써 넣으세요.

현재형	과거형	과거 분사형
go		
come		
make		
know		
tell		
meet		
run		
hear		
teach		
do		
get		
take		
eat		
have		
give		
say		
bring		
send		
write		
read [뤼드]		
break		
drink		
drive		
hit		
begin		
think		
leave		
swim		
grow		
feel		
buy		
lose		
sell		
win		

📝 확인 문제 10

다음 문장들에서 어색한 곳을 찾아 고치세요. (어색한 곳이 없는 문장은 두 개 있습니다.)

1. He writes a love letter last night.
2. He were sick in bed last week.
3. I am very tired last weekend.
4. She buyed a red car one year ago.
5. I watchd the TV for two hours yesterday.
6. It smells good yesterday.
7. He gived me a horse.
8. She go to school by bike.
9. I see the Mary and Tom three hours ago.
10. I had breakfast at nine o'clock.
11. She have a cold.
12. I hited a ball fast.
13. She sent her baby to the school.
14. He winned the first prize.

unit 7 일반 동사의 기본 활용

핵심 57. <u>Don't</u> tell a lie. 거짓말하지 마라.

 ※ 문장 앞의 don't: ~ 하지 마라 (= do not의 준말)

핵심 58. He <u>gave</u> <u>me</u> lots of wine. 그는 나에게 많은 포도주를 주었다.

  ※ give + A + 물건: A에게 무엇을 주다.
   = He <u>gave</u> lots of wine <u>to</u> me.
  ※ give + A + 물건 = give + 물건 + to + A: A에게 무엇을 주다.
   teach, send, write, tell 등도 이런 방식으로 쓴다.

핵심 59. He <u>bought</u> <u>me</u> a new bag. 그는 나에게 새 가방을 하나 사 주었다.

  ※ buy + A + 물건: A에게 무엇을 사주다.
   = He <u>bought</u> a new bag <u>for</u> me.
  ※ buy + A + 물건 = buy + 물건 + for + A: A에게 무엇을 사 주다.
   make(만들어 주다), cook(요리해 주다), find(찾아 주다) 등과 같은 동사는 이 방식으로 쓰인다.

핵심 60. He asked me a question. 그는 나에게 질문을 했다.

※ ask + A + 질문 or 부탁: A에게 무슨 질문(부탁)을 하다.
= He asked a question of me.
※ ask + A + 질문 = ask + 질문 + of + A: A에게 어떤 질문을 하다.

📝 확인 문제 11

다음 밑줄 위에 적합한 전치사를 넣으세요.

1. He told a story ___ me.
2. Mr. Brown gave a book ___ me.
3. My mom bought a new shirt ___ him.
4. He asked a question ___ me.
5. She made a new dress ___ me.
6. They sent a lot of salt ___ us.

unit 8 조동사

핵심 61. 조동사

can	~할 수 있다.
may	~할 수 있다.
must	~해야 한다.
will	~하려고 한다.

can, may, will, must 등과 같이 그냥 혼자 쓰면 무슨 뜻인지 분명하지 않고 can swim(수영할 수 있다), may go(가도 좋다), will study(공부하겠다), must learn(배워야 한다)과 같이 다른 일반 동사와 함께 써야 무슨 뜻인지가 분명해지는 그런 동사를 조동사라고 한다.
10장에 나오는 의문문을 만드는 데 쓰는 do나 does 같은 동사도 조동사라고 한다.
11장에서 더 자세히 배우겠지만 일단 여기서는 can, may, will, must와 의문문을 만드는 데 쓰는 do나 does 같은 동사를 조동사라고 한다는 것만 알고 넘어간다.
그리고 조동사 뒤에는 언제나 예외 없이 동사 원형을 써야 한다는 것을 기억해야 한다.

예) He can runs. (X) / run (O)
※ can이 조동사이므로 runs의 s를 떼고 run이라고 써야 한다.

핵심 62.

May I ~? 또는 Can I ~?	제가 ~해도 됩니까? (허락을 구할 때 쓰는 말)
예1) May I go to bed now?	예 1) 지금 잠자러 가도 돼요?
예2) May(Can) I help you?	예 2) 도와드릴까요?
예3) May(Can) I speak to Tom?	예 3) 탐하고 통화할 수 있을까요?
	(= 탐을 바꿔 주시겠어요?)
Will you ~?	~주시겠어요? (부탁할 때 쓰는 말)
예) Will you give me some money?	예) 돈 좀 주시겠어요?

확인 문제 12

다음 밑줄을 채우세요.

1. ___ tell a ___. 거짓말하지 마라.
2. He ___ me ___ of wine. 그는 나에게 많은 포도주를 주었다.
3. He ___ ___ of wine ___ me. 그는 나에게 많은 포도주를 주었다.
4. He teaches ___ English. 그는 그녀에게 영어를 가르친다.
5. He teaches English ___ me. 그는 그녀에게 영어를 가르친다.
6. They ___ a book ___ me. 그들은 너에게 책 한 권을 보냈다.
7. Show my picture ___ her. 그녀에게 나의 사진을 보여 줘라.
8. He ___ ___ a new dress. 그는 나에게 새 드레스를 하나 만들어 주었다.
9. He made a new dress ___ me. 그는 나에게 새 드레스를 하나 만들어 주었다.
10. I ___ ___ a question. 나는 그녀에게 질문을 하나 했다.
11. I ___ a question ___ her. 나는 그녀에게 질문을 하나 했다.
12. He ___ me lunch. 그는 나에게 점심을 사 줬다.
13. He ___ lunch ___ me. 그는 나에게 점심을 사 줬다.
14. She found my key ___ me. 그는 나의 키를 찾아 주었다.
15. Tell me that story. = Tell that story ___ me. 나에게 그 이야기를 해라.
16. ___ be quiet. 조용히 있지 마라.

확인 문제 13

다음 밑줄을 채우세요.

1. I ___ swim. 나는 수영할 수 있다.
2. He ___ leave now. 그는 지금 떠나야 한다.
3. I ___ math study hard. 나는 수학을 열심히 공부할 것이다.
4. You ___ go home now. 너는 지금 집으로 가야 한다.
5. ___ I help you? 도와드릴까요?
6. ___ ___ help me? 저를 도와주시겠어요? (부탁할 때)
7. ___ I go to bed? 잠자러 가도 돼요?
8. A: ___ I eat these candies? 이 사탕들 먹어도 돼요?
   B: Yes, ___ ___. 그래, 먹어도 좋다.
      No, You ___ ___. 아니, 먹으면 안 돼.
9. You ___ stop. 너는 정지해야 한다.
10. ___ ___ speak to Mary? 메리 좀 바꿔 주시겠어요?

제7장 모범 답안

확인 문제 1

1. **feels** 2. **drink** 3. **loves** 4. **sends** 5. **sings** 6. **likes** 7. **like**

확인 문제 2

1. teach	→	teaches
2. go	→	goes
3. study	→	studies
4. have	→	has
5. wash	→	washes
6. run	→	runs
7. mix	→	mixes
8. do	→	does
9. wish	→	wishes
10. enjoy	→	enjoys
11. eat	→	eats
12. like	→	likes
13. cry	→	cries

📝 확인 문제 3

1. They have a beautiful house. 그들은 아름다운 집을 가지고 있다.
2. He follows her. 그는 그 여자를 따라간다.
3. They like you. 그들은 너를 좋아한다.
4. This cat dislikes meat. 이 고양이는 고기를 좋아하지 않는다.
5. My friends enjoy basketball. 나의 친구들은 농구를 즐긴다.
6. She has a pretty eyes. 그녀는 예쁜 눈을 가지고 있다.
7. He teaches math. 그는 수학을 가르친다.
8. Mom washes the dishes after lunch. 엄마는 점심 식사 후에 설거지를 하신다.
9. He goes to market by bus. 그는 버스를 타고 시장에 간다.
10. 어색한 곳이 없다.
11. 어색한 곳이 없다.
12. She has two sisters. 그녀는 여동생이 둘 있다.

확인 문제 4

1. [The girl] is (my sister).
2. [I] drink water. △
3. [I] think her (pretty). △
4. [I] learn English. △
5. [She] is (sad).
6. [He] brings bread. △
7. [He] cleans the room. △
8. [I] have a doll. △
9. [Your parents] are (rich).
10. [I] send books. △

확인 문제 5

1. busily 2. badly 3. easily 4. gladly 5. happily

확인 문제 6

1. fast 2. hard 3. beautifully 4. kindly 5. cleanly

확인 문제 7

1. happy 2. good 3. sweet 4. delicious 5. sad

확인 문제 8

1. wanted 2. lived 3. liked 4. planned 5. played
6. stopped 7. studied 8. enjoyed 9. loved 10. tried

확인 문제 9

현재형	과거형	과거 분사형
go	went	gone
come	came	come
make	made	made
know	knew	known
tell	told	told
meet	met	met
run	ran	run
teach	taught	taught
make	made	made
get	got	got
take	took	taken
eat	ate	eaten
have	had	had
give	gave	given
say	said	said
bring	brought	brought
send	sent	sent
write	wrote	written
read [뤼드]	read	read
break	broke	broken
drink	drank	drunk
drive	drove	driven
hit	hit	hit
begin	began	begun
think	thought	thought
leave	left	left
swim	swam	swum
grow	grew	grown
feel	felt	felt
buy	bought	bought
lose	lost	lost
sell	sold	sold
win	won	won

확인 문제 10

1. He wrote a love letter last night.
2. He was sick in bed last week.
3. I was very tired last weekend.
4. She bought a red car one year ago.
5. I watched the TV for two hours yesterday.
6. It smelled good yesterday.
7. He gave me a horse.
8. She goes to school by bike.
9. I saw the Mary and Tom three hours ago.
10. 어색한 곳이 없다.
11. She has a cold.
12. I hit a ball fast.
13. 어색한 곳이 없다.
14. He won the first prize.

확인 문제 11

1. to   2. to   3. for   4. of   5. for   6. to

확인 문제 12

1. Don't, lie   2. gave, lots   3. gave, lots, to   4. her   5. to   6. sent, to
7. to   8. made, me   9. for   10. asked her   11. asked, of
12. bought   13. bought, for   14. for   15. to   16. Don't

확인 문제 13

1. can   2. must   3. will   4. must   5. May 또는 Can   6. Will you(또는 Would you)
7. May (Can)   8. May / you, may. / may, not. (may 대신 can도 가능)   9. must
10. May(Can), I

제7장 확인 문제

확인 문제 1 (핵심 47~48)

( ) 안에서 알맞은 말을 고르세요.

1. She (feel, feels) happy.	그녀는 행복하게 느낀다.
2. The horses (drink, drinks) water.	말들이 물을 마신다.
3. Tom (love, loves) Mary.	탐은 메리를 사랑한다.
4. My father (send, sends) the letter.	나의 아빠가 편지를 보낸다.
5. That singer (sing, sings) a beautiful song.	저 가수는 아름다운 노래를 부른다.
6. She (like, likes) flowers.	그녀는 꽃을 좋아한다.
7. They (like, likes) flowers.	그들은 꽃을 좋아한다.

확인 문제 2 (핵심 49)

다음 단어의 3인칭 단수형을 쓰세요.

1. teach → _____
2. go → _____
3. study → _____
4. have → _____
5. wash → _____
6. run → _____
7. mix → _____
8. do → _____
9. wish → _____
10. enjoy → _____
11. eat → _____
12. like → _____
13. cry → _____

확인 문제 3 (핵심 49)

다음 문장들에서 어색한 곳을 찾아 고치세요. (어색한 곳이 없는 문장은 두 개 있습니다.)

1. They has a beautiful house. 그들은 아름다운 집을 가지고 있다.
2. He follow her. 그는 그 여자를 따라간다.
3. They likes you. 그들은 너를 좋아한다.
4. This cat dislike meat. 이 고양이는 고기를 좋아하지 않는다.
5. My friends enjoys basketball. 나의 친구들은 농구를 즐긴다.
6. She have a pretty eyes. 그녀는 예쁜 눈을 가지고 있다.
7. He teach math. 그는 수학을 가르친다.
8. Mom wash the dishes after lunch. 엄마는 점심 식사 후에 설거지를 하신다.
9. He go to market by bus. 그는 버스를 타고 시장에 간다.
10. He does his homework in the library. 그는 숙제를 도서관에서 한다.
11. Brown and Jane love each other. 브라운과 제인은 서로 사랑한다.
12. She have two sisters. 그녀는 여동생이 둘 있다.

확인 문제 4 (핵심 50)

다음 문장에서 주어에는 밑줄, 보어에는 동그라미, 목적어에는 세모를 치세요.

1. The girl is my sister.
2. I drink water.
3. I think her pretty.
4. I learn English.
5. She is sad.
6. He brings bread.
7. He cleans the room.
8. I have a doll.
9. Your parents are rich.
10. I send books.

확인 문제 5 (핵심 51~53)

다음 형용사의 부사형을 적어라.

1. busy(바쁜)	_____ (바쁘게)
2. bad(나쁜)	_____ (나쁘게)
3. easy(쉬운)	_____ (쉽게)
4. glad(기쁜)	_____ (기쁘게)
5. happy(행복한)	_____ (행복하게)

확인 문제 6 (핵심 51~53)

다음 밑줄 위에 적당한 부사를 써 넣으세요.

1. He runs ___.	그는 빨리 달린다.
2. You work ___.	너는 열심히 일한다.
3. She dances ___.	그는 아름답게 춤춘다.
4. He teaches ___.	그는 친절하게 가르친다.
5. They clean ___.	그들은 깨끗하게 청소한다.

확인 문제 7 (핵심 54)

다음 중 맞는 것을 고르세요.

1. He looks (happily, happy). 그는 행복하게 보인다.
2. That sounds (good, well). 그것 참 좋은 생각이야(그것 참 좋게 들리는데).
3. It smells (sweet, sweetly). 그것은 달콤한 냄새가 난다.
4. It tastes (delicious, deliciouly). 그것은 맛있다.
5. I feel (sad, sadly). 나는 슬프다.

확인 문제 8 (핵심 55)

다음 동사의 과거형을 쓰세요.

1. want → _____
2. live → _____
3. like → _____
4. plan → _____
5. play → _____
6. stop → _____
7. study → _____
8. enjoy → _____
9. love → _____
10. try → _____

확인 문제 9 (핵심 56)

아래 빈 칸에 과거형과 과거 분사형을 써 넣으세요.

현재형	과거형	과거 분사형
go		
come		
make		
know		
tell		
meet		
run		
hear		
teach		
do		
get		
take		
eat		
have		
give		
say		
bring		
send		
write		
read [뤼드]		
break		
drink		
drive		
hit		
begin		
think		
leave		
swim		
grow		
feel		
buy		
lose		
sell		
win		

확인 문제 10 (핵심 56)

다음 문장들에서 어색한 곳을 찾아 고치세요. (어색한 곳이 없는 문장은 두 개 있습니다.)

1. He writes a love letter last night.
2. He were sick in bed last week.
3. I am very tired last weekend.
4. She buyed a red car one year ago.
5. I watchd the TV for two hours yesterday.
6. It smells good yesterday.
7. He gived me a horse.
8. She go to school by bike.
9. I see the Mary and Tom three hours ago.
10. I had breakfast at nine o'clock.
11. She have a cold.
12. I hited a ball fast.
13. She sent her baby to the school.
14. He winned the first prize.

확인 문제 11 (핵심 57~60)

다음 밑줄 위에 적합한 전치사를 넣으세요.

1. He told a story ___ me.
2. Mr. Brown gave a book ___ me.
3. My mom bought a new shirt ___ him.
4. He asked a question ___ me.
5. She made a new dress ___ me.
6. They sent a lot of salt ___ us.

확인 문제 12 (핵심 61~62)

다음 밑줄을 채우세요.

1. ___ tell a ___. 거짓말하지 마라.
2. He ___ me ___ of wine. 그는 나에게 많은 포도주를 주었다.
3. He ___ ___ of wine ___ me. 그는 나에게 많은 포도주를 주었다.
4. He teaches ___ English. 그는 그녀에게 영어를 가르친다.
5. He teaches English ___ me. 그는 그녀에게 영어를 가르친다.
6. They ___ a book ___ me. 그들은 너에게 책 한 권을 보냈다.
7. Show my picture ___ her. 그녀에게 나의 사진을 보여 줘라.
8. He ___ ___ a new dress. 그는 나에게 새 드레스를 하나 만들어 주었다.
9. He made a new dress ___ me. 그는 나에게 새 드레스를 하나 만들어 주었다.
10. I ___ ___ a question. 나는 그녀에게 질문을 하나 했다.
11. I ___ a question ___ her. 나는 그녀에게 질문을 하나 했다.
12. He ___ me lunch. 그는 나에게 점심을 사 줬다.
13. He ___ lunch ___ me. 그는 나에게 점심을 사 줬다.
14. She found my key ___ me. 그는 나의 키를 찾아 주었다.
15. Tell me that story. = Tell that story ___ me. 나에게 그 이야기를 해라.
16. ___ be quiet. 조용히 있지 마라.

확인 문제 13 (핵심 61~62)

다음 밑줄을 채우세요.

1. I ___ swim. 나는 수영할 수 있다.
2. He ___ leave now. 그는 지금 떠나야 한다.
3. I ___ math study hard. 나는 수학을 열심히 공부할 것이다.
4. You ___ go home now. 너는 지금 집으로 가야 한다.
5. ___ I help you? 도와드릴까요?
6. ___ ___ help me? 저를 도와주시겠어요? (부탁할 때)
7. ___ I go to bed? 잠자러 가도 돼요?
8. A: ___ I eat these candies? 이 사탕들 먹어도 돼요?
   B: Yes, ___ ___. 그래, 먹어도 좋다.
      No, You ___ ___. 아니, 먹으면 안 돼.
9. You ___ stop. 너는 정지해야 한다.
10. ___ ___ speak to Mary? 메리 좀 바꿔 주시겠어요?

제8장 명사 Ⅱ

unit 1 셀 수 있는 명사와 셀 수 없는 명사

핵심 63. 명사에는 a cat(고양이), a pencil(연필) 등과 같이 한 개, 두 개로 셀 수 있는 명사와 water(물), salt(소금)처럼 한 개, 두 개로 셀 수 없는 명사가 있다.
셀 수 있는 명사가 한 개일 때는 명사 앞에 a나 an 을 붙인다.
셀 수 없는 명사 앞에는 a를 붙이면 안 된다.

예) a water (X)

핵심 64. water(물), salt(소금), oil(기름), pepper(후추)같이 물질을 가리키는 명사를 물질 명사라고 한다.

핵심 65. kindness(친절), love(사랑)같이 눈에 보이는 형체가 없고 정신적으로 이해하는 명사를 추상 명사라고 하며 역시 셀 수 없는 명사로 분류한다.

핵심 66. 사람이나 강, 산 등의 이름을 가리키는 말을 고유 명사라고 한다.

예) river(강)-일반 명사, the Han River(한강)-고유 명사

핵심 67. 고유 명사, 물질 명사, 추상 명사는 셀 수 없는 명사로 분류되며 복수형도 쓰지 않는다.
(★ 연상: 고, 물, 추)

확인 문제 1

다음 명사들 중 셀 수 없는 명사에는 동그라미를 해 보세요.

> dog, water, sugar, boy, teacher, salt, chair, milk,
> bed, money, bread, the Han River, kindness, love

unit 2 many와 much

핵심 68. 많은 ① many: 셀 수 있는 명사의 경우에
　　　　　　② much: 셀 수 없는 명사의 경우에
　　　　　　③ a lot of = lots of: 셀 수 있는 경우와 없는 모두의 경우에

　　예) Many monkeys ate much bread. 많은 원숭이들이 많은 빵을 먹었다.
　　　　　　　　　　eat의 과거형
　　A lot of hungry horses drank a lot of water. 많은 목마른 말들이 많은 물을 마셨다.

핵심 69. Our room is full of much old furniture. 우리의 방은 많은 고가구들로 가득 차 있다.
　　　※ ① be full of~: ~로 가득 차 있다.
　　　　② furniture: money처럼 셀 수 없는 명사 취급을 한다.

핵심 70. money(돈)와 bread(빵)도 셀 수 없는 명사 취급한다고 일단 외워 둔다.
　　　(※ 만 원짜리 지폐, 오천 원짜리 지폐 등은 셀 수 있는 명사이나 일반적인 money라는 명사는 셀 수 없는 명사이다. 빵도 빵의 종류를 적시하여 말할 때는 셀 수 있는 명사 취급을 하나 일반적인 bread라는 단어는 셀 수 없는 명사 취급을 한다.)

📝 확인 문제 2

다음 밑줄에 적절한 말을 넣으세요.

1. ___ salt	많은 소금
2. ___ apples	많은 사과
3. ___ ___ wine	많은 양의 포도주
4. ___ kings	많은 왕들
5. ___ air	많은 공기
6. ___ legs	많은 다리들
7. ___ monkeys ate ___ bread.	많은 원숭이들이 많은 빵을 먹었다.
8. ___ monkeys ate ___ apples.	많은 원숭이들이 많은 사과들을 먹었다.
9. ___ water ate ___ monkeys.	많은 물이 많은 원숭이들을 먹었다.
10. ___ ___ ___ hungry horses drank ___ of water.	많은 목마른 말들이 많은 물을 마셨다.
11. This bottle is ___ ___ Soju.	이 병은 소주로 가득 차 있다.
12. My family ___ small.	나의 가족은 핵가족이다.
13. ___ money	많은 돈
14. Every ___ ___ sick.	모든 개들이 아프다.
15. Every ___ ___ absent ___ the class.	모든 학생들이 수업에 결석했다.
16. Everything ___ good ___ your health.	모든 것이 너의 건강을 위해 좋다.

unit 3 명사의 복수형

핵심 71. every 다음에는 단수 명사가 오고 단수 취급을 한다.

> 예) Every student is absent from the class. 모든 학생들이 수업에 결석했다.
> ※ be absent from ~: ~에 결석하다. (★연상: 애 보신다 결석하고)

핵심 72. everything도 단수 취급한다.

> 예) Everything was good for me. 모든 것이 나에게 좋았다.
> ※ be good for ~: ~에 좋다.

핵심 73. -s, -ch, -sh, -x, 자음 + o로 끝나는 명사는 -es를 붙여 복수형을 만든다.

> 예) a bus(버스)-buses, a church(교회)-churches, a dish(접시)-dishes,
> a box(상자)-boxes, a potato(감자)-potatoes

핵심 74. 자음 + y로 끝나는 명사는 -y를 -i로 고치고 -es를 붙인다.

예) a baby(아기)-babies, a city(도시)-cities

핵심 75. -f, -fe로 끝나는 명사는 -f, -fe를 -v로 고치고 -es를 붙인다.

예) a knife(칼)-knives, a leaf(잎)-leaves, a wife(아내)-wives

핵심 76. 그냥 외워야 하는 복수형

예) a man(남자)-men, a tooth(이)-teeth, a foot(발)-feet, a child(어린이)-children

핵심 77. 단수형과 복수형이 같은 것

예) fish(물고기), sheep(양)

확인 문제 3

다음 명사들의 복수형을 적어 보세요.

1. book → _____
2. dish → _____
3. car → _____
4. sugar → _____
5. water → _____
6. potato → _____
7. baby → _____
8. child → _____
9. knife → _____
10. leaf → _____
11. fish → _____
12. love → _____
13. man → _____
14. foot → _____
15. tooth → _____
16. box → _____
17. bus → _____
18. church → _____
19. sheep → _____
20. city → _____

unit 4 일반 명사의 소유격

핵심 78. 인칭 대명사 외에 소유격 만드는 법
　　　① 명사 + 's를 붙이면 ~의, 즉 소유격이 된다.
　　　　그런데 끝이 s로 끝나면 그냥 '만 붙여 준다.
　　예) 메리의 배-Mary's ship, 고양이의 코-cat's nose,
　　　　부모님의 사랑-parents' love, 오늘의 신문-today's newspaper
　　　② of + 명사: '~의'를 뜻한다.
　　예) Four legs of the table are long.
　　　　테이블의 네 다리가 길다.

확인 문제 4

다음 명사들의 소유격을 만드세요.

1. 제인의 책	___ book.
2. 새의 날개들	___ wings.
3. 새의 날개들	the ___ of ___.
4. 고양이의 다리들	___ legs.
5. 고양이들의 집	___ house.
6. 나의 아기의 얼굴	my ___ face.
7. 나의 형의 얼굴	the face ___ my brother.
8. 소녀의 손	the hand ___ a girl.
9. 소녀들의 교실	___ classroom.
10. 나의 부모님의 방	___ ___ room.

핵심 79. 다음 소유 대명사를 외워라.

나의 것	mine
우리들의 것	ours
너의 것, 너희들의 것	yours
그의 것	his
그녀의 것	hers
그들의 것	theirs

확인 문제 5

다음 빈 칸을 채우세요.

나의 것	
우리들의 것	
너의 것, 너희들의 것	
그의 것	
그녀의 것	
그들의 것	

제8장 모범 답안

확인 문제 1

dog, (water), (sugar), boy, teacher, (salt), chair, (milk), bed, (money), (bread), the Han River, (kindness), (love)

확인 문제 2

1. much 2. many 3. a lot of 4. lots of 5. much 6. many
7. Many, much 8. Many, many 9. Much, many 10. A lot of, lots
11. full, of (filled with) 12. is 13. much 14. dog, is
15. student, is, from 16. is, for

확인 문제 3

1. books 2. dishes 3. cars 4. 복수형 없음 5. 복수형 없음
6. potatoes 7. babies 8. children 9. knives 10. leaves 11. fish
12. 복수형 없음 13. men 14. feet 15. teeth 16. boxes 17. buses
18. churches 19. sheep 20. cities

확인 문제 4

1. Jane's 2. bird's 3. wings, bird 4. cat's 5. cats'
6. baby's 7. of 8. of 9. girls' 10. my parents'

확인 문제 5

나의 것	mine
우리들의 것	ours
너의 것, 너희들의 것	yours
그의 것	his
그녀의 것	hers
그들의 것	theirs

제8장 확인 문제

확인 문제 1 (핵심 63~67)

다음 명사들 중 셀 수 없는 명사에는 동그라미를 해 보세요.

> dog, water, sugar, boy, teacher, salt, chair, milk,
> bed, money, bread, the Han River, kindness, love

※ 추상 명사 3개, 물질 명사 2개씩 더 써 보세요.

확인 문제 2 (핵심 68~70)

다음 밑줄에 적절한 말을 넣으세요.

1. ___ salt	많은 소금
2. ___ apples	많은 사과
3. ___ ___ ___ wine	많은 양의 포도주
4. ___ ___ kings	많은 왕들
5. ___ air	많은 공기
6. ___ legs	많은 다리들
7. ___ monkeys ate ___ bread.	많은 원숭이들이 많은 빵을 먹었다.
8. ___ monkeys ate ___ apples.	많은 원숭이들이 많은 사과들을 먹었다.
9. ___ water ate ___ monkeys.	많은 물이 많은 원숭이들을 먹었다.
10. ___ ___ ___ hungry horses drank ___ of water.	많은 목마른 말들이 많은 물을 마셨다.
11. This bottle is ___ ___ Soju.	이 병은 소주로 가득 차 있다.
12. My family ___ small.	나의 가족은 핵가족이다.
13. ___ money	많은 돈
14. Every ___ ___ sick.	모든 개들이 아프다.
15. Every ___ ___ absent ___ the class.	모든 학생들이 수업에 결석했다.
16. Everything ___ good ___ your health.	모든 것이 너의 건강을 위해 좋다.

확인 문제 3 (핵심 71~77)

다음 명사들의 복수형을 적어 보세요.

1. book → _____
2. dish → _____
3. car → _____
4. sugar → _____
5. water → _____
6. potato → _____
7. baby → _____
8. child → _____
9. knife → _____
10. leaf → _____
11. fish → _____
12. love → _____
13. man → _____
14. foot → _____
15. tooth → _____
16. box → _____
17. bus → _____
18. church → _____
19. sheep → _____
20. city → _____

확인 문제 4 (핵심 78)

다음 명사들의 소유격을 만드세요.

1. 제인의 책	___ book.
2. 새의 날개들	___ wings.
3. 새의 날개들	the ___ of ___.
4. 고양이의 다리들	___ legs.
5. 고양이들의 집	___ house.
6. 나의 아기의 얼굴	my ___ face.
7. 나의 형의 얼굴	the face ___ my brother.
8. 소녀의 손	the hand ___ a girl.
9. 소녀들의 교실	___ classroom.
10. 나의 부모님의 방	___ ___ room.

확인 문제 5 (핵심 79)

다음 빈 칸을 채우세요.

나의 것	
우리들의 것	
너의 것, 너희들의 것	
그의 것	
그녀의 것	
그들의 것	

제9장 to 부정사 I

unit 1 to 부정사의 개념

핵심 80. 부정사란 기본 동사에서 파생된 변화형을 표현하는 방법이다.

	한국어	영어
원형	만나다	meet
변화형	만나려고, 만나서, 만나는 것, 만날	to meet

※ 한국어에는 '만나다'라는 동사에 여러 가지 변화형이 있지만 영어에는 'to + meet' 한 가지뿐이다. 영어에서는 to meet 하나로 다 사용하는 것이다.

확인 문제 1

밑줄을 적합한 말로 채우세요.

1. I am glad ___ meet you.	만나서 반갑다.
2. They work hard ___ make money.	그들은 돈을 벌기 위해 열심히 일한다.
3. ___ swim in the river is funny.	강에서 수영하는 것은 재미있다.
4. I tried hard ___ solve the difficult problem.	나는 그 어려운 문제를 풀기 위해 열심히 노력했다.
5. Here is a lady ___ introduce to you.	너에게 소개할 아가씨가 있다.

unit 2 부정사의 용법

핵심 81. to 부정사가 '~하는 것'으로 해석되면 명사적 용법이라고 한다. (주어, 목적어, 보어로 쓰인다.)
① To please you is my pleasure. 당신을 기쁘게 하는 것이 나의 기쁨이다. (주어)
　　기쁘게 하는 것
② I want to be an actor. 나는 배우가 되는 것을 원한다. (목적어)
　　　　되는 것
③ My hobby is to collect stamps. 나의 취미는 우표를 수집하는 것이다. (보어)
　　　　　　　수집하는 것
※ 명사적 용법은 '~하는 것' 하나밖에 없다.

핵심 82. to 부정사가 다른 명사를 꾸며 주면 형용사적 용법이라고 한다.
① The tutor needs something to drink. 선생님은 마실 무언가가 필요하다.
※ to drink가 something을 꾸며 준다.

② It's time to exercise. 운동할 시간이다.
※ to exercise가 time을 꾸며 준다.

핵심 83. 명사적 용법과 형용사적 용법을 제외하면 모두 부사적 용법이다.
① 목적: He came early to see me. 그는 나를 보려고 일찍 왔다.
　　　　　　　　　　　보려고
② 원인: His friends were very sad to hear the news.
　　　　　　　　　　　　　　　　　듣고
　　　　그의 친구들은 그 소식을 듣고 매우 슬퍼했다.
③ 결과: Minho grew up to be a gardner. 민호는 자라서 정원사가 되었다.

확인 문제 2

다음 to 부정사의 용법이 형용사적 용법이면 형, 부사적 용법이면 부, 명사적 용법이면 명이라고 써 넣으세요.

1. She has no books to read. (　　)
2. He likes to listen to the music. (　　)
3. To be honest is a best way. (　　)
4. Martin stopped to buy a can of soda. (　　)
5. I want to sleep. (　　)
6. It's time to call my mom. (　　)
7. She studied very hard to fail the exam. (　　)
8. I am very glad to see you. (　　)

확인 문제 3

(　　) 안의 단어들을 배열하여 문장을 완성하세요.

1. (is, tell. wrong, lies, to).	거짓말하는 것은 잘못된 일이다.
2. (to, is, funny, cook).	요리하는 것은 재미있다.
3. (to, hope, an, be, actress, my, is).	나의 희망은 여배우가 되는 것이다.
4. (to, exciting, is, baseball, play).	야구 경기 하는 것은 매우 흥미진진하다.
5. (no, I, meet, to, friends, have).	나는 만날 친구가 없다.
6. (is, difficult, understand, to. you).	너를 이해하는 것은 어렵다.

확인 문제 4

다음에서 밑줄을 채우세요.

1. ___ please you is my pleasure.	당신을 기쁘게 하는 것이 나의 기쁨이다.
2. I want ___ ___ a actor.	나는 배우가 되기를 원한다.
3. He wants ___ ___ a teacher.	그는 선생님이 되기를 원한다.
4. My hobby is ___ ___ fruits.	나는 취미는 과일을 먹는 것이다.
5. I need something ___ ___.	나는 무언가 마실 것이 필요하다.
6. It's time ___ ___ to bed.	잠자러 갈 시간이다.
7. He came early ___ ___ me.	그는 나를 만나려고 일찍 왔다.
8. ___ friends ___ sad ___ ___ the news.	그의 친구들은 그 소식을 듣고 슬펐다.
9. He grew up ___ ___ a gardener.	그는 자라서 정원사가 되었다.

📝 확인 문제 5

1. 보기의 용법과 같은 용법의 부정사가 사용된 문장을 고르세요.

> 보기: We want some bread to eat.

① It's time to sleep.
② I want to play computer games.
③ I am glad to meet you.
④ I invite him to please you.

2. 나머지 넷과 용법이 다른 부정사를 고르세요.
① My hobby is to sing a song.
② I like to play volleyball.
③ I began to paint the wall.
④ To see is to believe.
⑤ He ran fast to catch the first train.

unit 3 부정사의 부정

핵심 84. He told me to do my best. 그는 나에게 최선을 다하라고 말했다.

※ do one's best: 최선을 다하다.

He told me not to do my best. 그는 나에게 최선을 다하지 말라고 말했다.

※ to 부정사의 부정은 not to 부정사

핵심 85. I told her to prepare for the mid-term exam.
나는 그녀에게 중간고사를 준비하라고 말했다.

※ tell + A + to 부정사: A에게 ~ 하라고 말하다.
　ask + A + to 부정사: A에게 ~ 하라고 요청하다, 부탁하다.
　want + A + to 부정사: A가 ~ 하기를 원한다.
　expect + A + to 부정사: A가 ~ 하기를 기대한다.
　order + A + to 부정사: A에게 ~하라고 명령하다.

 **확인 문제 6**

밑줄에 적절한 단어를 써 넣으세요.

1. He told me ___ ___ go out after dark.	그는 나에게 어두워진 후에 외출하지 말라고 말했다.
2. I order you ___ help him.	나는 너에게 그를 도우라고 명령한다.
3. I want you ___ succeed in this exam.	나는 네가 이번 시험에서 합격하기를 바란다.
4. He told me ___ ___ my best.	그는 나에게 최선을 다하라고 말했다.
5. He told me ___ ___ the dishes.	그는 나에게 설거지를 하라고 시켰다.
6. I expect you ___ ___ for the exam.	나는 네가 시험을 위해 준비하기를 원한다.
7. I order you ___ ___ ___.	나는 너에게 움직이지 말라고 명령한다.
8. I want ___ ___ help me.	나는 그가 나를 돕기를 원한다.
9. I told her ___ ___ hard.	나는 그에게 열심히 공부하라고 말했다.
10. I told her ___ ___ ___ hard.	나는 그에게 열심히 공부하지 말라고 말했다.

제9장 모범 답안

확인 문제 1

1. to 2. to 3. to 4. to 5. to

확인 문제 2

1. She has no books to read. (형)
2. He likes to listen to the music. (명)
3. To be honest is a best way. (명)
4. Martin stopped to buy a can of soda. (부)
5. I want to sleep. (명)
6. It's time to call my mom. (형)
7. She studied very hard to fail the exam. (부)
8. I am very glad to see you. (부)

확인 문제 3

1. To tell lies is wrong.	거짓말하는 것은 잘못된 일이다.
2. To cook is funny.	요리하는 것은 재미있다.
3. My hope is to be an actress.	나의 희망은 여배우가 되는 것이다.
4. To play baseball is exciting.	야구 경기 하는 것은 매우 흥미진진하다.
5. I have no friends to meet.	나는 만날 친구가 없다.
6. To understand you is difficult.	너를 이해하는 것은 어렵다.

확인 문제 4

1. **To** please you is my pleasure.	당신을 기쁘게 하는 것이 나의 기쁨이다.
2. I want **to be** a actor.	나는 배우가 되기를 원한다.
3. He wants **to be** a teacher.	그는 선생님이 되기를 원한다.
4. My hobby is **to eat** fruits.	나는 취미는 과일을 먹는 것이다.
5. I need something **to drink**.	나는 무언가 마실 것이 필요하다.
6. It's time **to go** to bed.	잠자러 갈 시간이다.
7. He came early **to meet** me.	그는 나를 만나려고 일찍 왔다.
8. **His** friends **were** sad **to hear** the news.	그의 친구들은 그 소식을 듣고 슬펐다.
9. He grew up **to be** a gardener.	그는 자라서 정원사가 되었다.

확인 문제 5

1. ①번 2. ⑤번

확인 문제 6

1. He told me **not to** go out after dark.	그는 나에게 어두워진 후에 외출하지 말라고 말했다.
2. I order you **to** help him.	나는 너에게 그를 도우라고 명령한다.
3. I want you **to** succeed in this exam.	나는 네가 이번 시험에서 합격하기를 바란다.
4. He told me **to do** my best.	그는 나에게 최선을 다하라고 말했다.
5. He told me **to do(또는 wash)** the dishes.	그는 나에게 설거지를 하라고 시켰다.
6. I expect you **to prepare** for the exam.	나는 네가 시험을 위해 준비하기를 원한다.
7. I order you **not to move**.	나는 너에게 움직이지 말라고 명령한다.
8. I want **him to** help me.	나는 그가 나를 돕기를 원한다.
9. I told her **to study** hard.	나는 그에게 열심히 공부하라고 말했다.
10. I told her **not to study** hard.	나는 그에게 열심히 공부하지 말라고 말했다.

제9장 확인 문제

확인 문제 1 (핵심 80)

밑줄을 적합한 말로 채우세요.

1. I am glad ___ meet you.	만나서 반갑다.
2. They work hard ___ make money.	그들은 돈을 벌기 위해 열심히 일한다.
3. ___ swim in the river is funny.	강에서 수영하는 것은 재미있다.
4. I tried hard ___ solve the difficult problem.	나는 그 어려운 문제를 풀기 위해 열심히 노력했다.
5. Here is a lady ___ introduce to you.	너에게 소개할 아가씨가 있다.

확인 문제 2 (핵심 81~83)

다음 to 부정사의 용법이 형용사적 용법이면 형, 부사적 용법이면 부, 명사적 용법이면 명이라고 써 넣으세요.

1. She has no books to read. ( )
2. He likes to listen to the music. ( )
3. To be honest is a best way. ( )
4. Martin stopped to buy a can of soda. ( )
5. I want to sleep. ( )
6. It's time to call my mom. ( )
7. She studied very hard to fail the exam. ( )
8. I am very glad to see you. ( )

확인 문제 3 (핵심 81~83)

( ) 안의 단어들을 배열하여 문장을 완성하세요.

1. (is, tell. wrong, lies, to).	거짓말하는 것은 잘못된 일이다.
2. (to, is, funny, cook).	요리하는 것은 재미있다.
3. (to, hope, an, be, actress, my, is).	나의 희망은 여배우가 되는 것이다.
4. (to, exciting, is, baseball, play).	야구 경기 하는 것은 매우 흥미진진하다.
5. (no, I, meet, to, friends, have).	나는 만날 친구가 없다.
6. (is, difficult, understand, to. you).	너를 이해하는 것은 어렵다.

확인 문제 4 (핵심 81~83)

다음에서 밑줄을 채우세요.

1. ___ please you is my pleasure.	당신을 기쁘게 하는 것이 나의 기쁨이다.
2. I want ___ ___ a actor.	나는 배우가 되기를 원한다.
3. He wants ___ ___ a teacher.	그는 선생님이 되기를 원한다.
4. My hobby is ___ ___ fruits.	나는 취미는 과일을 먹는 것이다.
5. I need something ___ ___.	나는 무언가 마실 것이 필요하다.
6. It's time ___ ___ to bed.	잠자러 갈 시간이다.
7. He came early ___ ___ me.	그는 나를 만나려고 일찍 왔다.
8. ___ friends ___ sad ___ ___ the news.	그의 친구들은 그 소식을 듣고 슬펐다.
9. He grew up ___ ___ a gardener.	그는 자라서 정원사가 되었다.

확인 문제 5 (핵심 81~83)

1.보기의 용법과 같은 용법의 부정사가 사용된 문장을 고르세요.

> 보기: We want some bread to eat.

① It's time to sleep.
② I want to play computer games.
③ I am glad to meet you.
④ I invite him to please you.

2. 나머지 넷과 용법이 다른 부정사를 고르세요.
① My hobby is to sing a song.
② I like to play volleyball.
③ I began to paint the wall.
④ To see is to believe.
⑤ He ran fast to catch the first train.

확인 문제 6 (핵심 84~85)

밑줄에 적절한 단어를 써 넣으세요.

1. He told me ___ ___ go out after dark.	그는 나에게 어두워진 후에 외출하지 말라고 말했다.
2. I order you ___ help him.	나는 너에게 그를 도우라고 명령한다.
3. I want you ___ succeed in this exam.	나는 네가 이번 시험에서 합격하기를 바란다.
4. He told me ___ ___ my best.	그는 나에게 최선을 다하라고 말했다.
5. He told me ___ ___ the dishes.	그는 나에게 설거지를 하라고 시켰다.
6. I expect you ___ ___ for the exam.	나는 네가 시험을 위해 준비하기를 원한다.
7. I order you ___ ___ ___.	나는 너에게 움직이지 말라고 명령한다.
8. I want ___ ___ help me.	나는 그가 나를 돕기를 원한다.
9. I told her ___ ___ hard.	나는 그에게 열심히 공부하라고 말했다.
10. I told her ___ ___ ___ hard.	나는 그에게 열심히 공부하지 말라고 말했다.

제10장
일반 동사의 부정문과 의문문

unit 1 일반 동사의 의문문

핵심 86. 일반 동사가 있는 문장을 의문문으로 만들기 위해서는 문장 앞에 Do나 Does를 붙인다.
① 주어가 I, You, 복수일 때: 문장 앞에 Do를 붙인다.
② 주어가 3인칭 단수일 때: 문장 앞에 Does를 붙인다.
③ 과거 의문문일 때: 문장 앞에 Did를 붙인다.

※ 의문문을 만드는 데 쓰는 Do, Does, Did 같은 동사를 조동사라고 하며 조동사 뒤에는 항상 동사 원형을 쓴다.

예 1) You know that German. 너는 저 독일인을 알고 있다. (평서문)
　　　Do you know that German? 너는 저 독일인을 아니? (의문문)

예 2) He leads this team. 그가 이 팀을 이끈다. (평서문)
　　　Does he lead this team? 그가 이 팀을 이끄니? (의문문)
　　　※ 조동사 Does 뒤이므로 동사 원형을 쓴다.

예 3) You sent textbooks to him. 너는 교과서들을 그에게 보냈다. (평서문)
　　　Did you send textbooks to him? 교과서들을 그에게 보냈느냐? (의문문)
　　　※ 조동사 Did 뒤이므로 원형 send를 쓴다.

예 4) Do you think that he is clever. 너는 그가 영리하다고 생각하느냐?
　　　※ that은 'Do you think?' 문장과 'He is clever.' 문장을 연결해 주는 접속사
　　　　that 이하 문장(= that 절)은 think의 목적어이다.
　　　　목적어 절을 이끄는 that은 생략할 수 있다.

확인 문제 1

밑줄 위에 Do, Does, Did 중 하나를 넣으세요.

1. ___ you have a tennis racket now?
2. ___ you hit him last night?
3. ___ he buy a cat last week ?
4. ___ you drink wine every day?
5. ___ he help you last Sunday?
6. ___ he like her? (현재)
7. ___ you know ___ ___? 저 독일 사람을 아니?
8. ___ he send a letter to you? 그가 너에게 편지를 보냈니? (과거 의문문)
9. ___ you think ___ he is clever? 너는 그가 영리하다고 생각하니?

확인 문제 2

다음 문장들을 의문문으로 바꾸세요.

1. He brings hot water to you. → _____
2. You want to be a teacher. → _____
3. You wrote a letter to him. → _____
4. You broke the window last night? → _____
5. He went to school on foot. → _____

확인 문제 3

다음 문장들의 that이 생략 가능하면 O, 생략 가능하지 않으면 X를 치세요.

1. That lady is my sister. (   )
2. I don't know that lady. (   )
3. I thought that he told a lie. (   )
4. You told me that she was sad. (   )
5. This is mine. That is yours. (   )

핵심 87. 일반 동사의 의문문에 대답하는 법

예 1) A: Do you have children?
　　　B: Yes, I do. 또는 No, I don't.
※ do는 have 대신 쓰인 대동사

예 2) A: Does he know your name?
　　　B: Yes, he does. 또는 No, he doesn't.
※ does는 know 대신 쓰인 대동사

예 3) A: Did he cure your acne?
　　　B: Yes, he did. 또는 No, he didn't.
※ did는 cured 대신 쓰인 대동사

 확인 문제 4

밑줄 위에 적합한 말을 써서 답을 완성하세요.

1. A: Did you wash the dishes after lunch for your mom?
　 B: Yes, ____ ____.

2. A: Does he know your name?
　 B: No, he _____.

3. A: Do you want a birthday party?
　 B: No, ____ ____.

4. A: Do you have children?
　 B: Yes, ___ ___.

5. A: Did she like your son?
　 A: No, ___ ___.

핵심 88. 일반 동사 부정 의문문(~하지 않니?) 만드는 법

예 1) <u>Don't</u> you like wine? 너 포도주 좋아하지 않니?
~하지 않니?

예 2) <u>Didn't</u> you buy a turtle last month? 너 지난달에 거북이 한 마리 사지 않았니?
~하지 않았니?

핵심 89. 일반 동사의 부정 의문문에 대답하는 방법: Be 동사 때와 마찬 가지로 질문한 내용에 상관 없이 Yes나 No의 뒤에 나오는 문장이 부정문이면 No로, 긍정문이면 Yes로 답한다.

예) Didn't you call me last night? 네가 나에게 어젯밤에 전화하지 않았니?
No, I didn't. 아니, 전화 안 했는데.
※ No 뒤에는 부정문이 나온다.

📝 확인 문제 5

밑줄에 적합한 말을 넣어 대화를 완성하세요.

1. A: Don't you drink Soda? 너 소다 마시지 않니?
   B: ___, ___ ___. 나 소다 마셔.

2. A: Don't you drink Soda? 너 소다 마시지 않니?
   B: ___, ___ ___. 나 소다 안 마셔.

3. A: ____ you like me? 너 나 좋아하지 않니?
   B: ____, I ____. 응, 좋아해.

4. A: ____ you like dogs? 너 개를 좋아하지 않았니? (과거)
   B: ____, I ____. 아니, 안 좋아했어.

5. A: Doesn't he study hard? 그는 열심히 공부하지 않니?
   B: ____, he ____. 열심히 공부해.

unit 2 일반 동사의 부정문

핵심 90. 일반 동사의 부정문을 만들려면 일반 동사 앞에 do not(= don't)이나 does not (= doesn't) 또는 did not(= didn't) 을 붙인다.

don't	주어가 I나 You나 복수일 때
doesn't	주어가 3인칭 단수일 때
didn't	주어에 상관없이 과거일 때

예 1) They go to school by train. 그들은 열차로 학교에 간다.
　　　They don't go to school by train.

예 2) He drinks milk every morning. 그는 매일 아침 우유를 마신다.
　　　He doesn't drink milk every morning.

예 3) He met me at the party yesterday. 그는 어제 파티에서 나를 만났다.
　　　He didn't meet me at the party yesterday.

핵심 91. 역시 don't, doesn't, didn't 뒤에는 동사 원형을 쓴다.

예) He doesn't <u>drinks</u> wine. (X) 그는 와인을 마시지 않는다.
　　　　　　 drink (O)

📝 확인 문제 6

다음 문장들을 부정문으로 만드세요.

1. You like cats.　　　　　　　　　　　　　　→ _____
2. Minsu knows me.　　　　　　　　　　　　　→ _____
3. My sister has a red car.　　　　　　　　　　→ _____
4. My parents want a big house.　　　　　　　→ _____
5. I sang a song last night.　　　　　　　　　 → _____
6. He entered the bank yesterday.　　　　　　→ _____
7. I bought a handbag to send to my daughter. → _____

확인 문제 7

다음 밑줄을 채우세요.

1. They ___ go to school ___ train.	그들은 열차타고 학교에 가지 않는다.
2. He ___ milk ___ morning.	그는 매일 아침 우유를 마시는 것은 아니다.
3. I ___ meet him at the party yesterday.	나는 어제 그를 파티에서 만나지 않았다.
4. Dogs ___ like fruits.	개들은 과일을 좋아하지 않는다.
5. Tom and Mary ___ like meat.	탐과 메리는 고기를 좋아하지 않는다.
6. We ___ like ___ ___.	우리는 그들의 집을 좋아하지 않는다.

확인 문제 8

다음 문장에서 표현이 어색한 곳을 찾아 고치세요.

1. He doesn't eat breakfast yesterday.
2. I didn't invited his son to the party.
3. They didn't gets to the meeting in time.
4. He don't know my sister.
5. I don't wear blue jacket yesterday.
6. It don't smells sweet.
7. She didn't plays the piano last night.
8. He don't open the window.
9. She doesn't plays the piano.
10. I doesn't think so.

핵심 92. I think <u>so, too</u>. 나도 역시 그렇게 생각한다.
　　　　　　　그렇게, ~도 역시
　　　I don't think so, <u>either</u>.
　　　　　　　　　　　　~도 역시
　　　※ 긍정문에는 too, 부정문에는 either를 쓴다.

핵심 93. I have no money. 나는 돈이 없다.
　　　= I don't have any money.

핵심 94. 문장의 서두부터 동사를 바로 쓰면 명령문이 된다.

　　　예 1) Open the door, please. 문을 열어 주세요.
　　　예 2) Be careful. 조심해라.

핵심 95. 명령문 앞에 don't를 붙이면 부정 명령문(~하지 마라)이 된다.

예) Don't open the door. 문을 열지 마라.

핵심 96. some 약간의
any 어느, 어떤

※ any : 부정문이나 의문문에서 무엇의 양이나 수를 가리킨다.
양이나 수의 많고 적음은 상관이 없다. 긍정문에서는 some을 쓴다.

핵심 97. ① I have something for you. 나는 너를 위한 무언가를 가지고 있다.
② I don't have anything for you. 너는 너를 위한 어떤 것도 가지고 있지 않다.
※ anything은 부정문과 의문문에서 쓰일 때 something을 대신하는 말이다.
③ I'm so hungry. I will eat anything.
　　　매우　　　　　　　　　무엇이든지

📝 확인 문제 9

밑줄에 적합한 말을 써 넣으세요.

1. A: I like science.
   B: I like science, ____. (~도 역시)
2. A: I don't like a cat.
   B: I don't like a cat, ____. (~도 역시)
3. A: Do you have some money to lend me?
   B: I don,t have ____ money. 어떤 돈도 없다.
4. A: Do you have some books to read.
   B: I have ___ books to read. 읽을 책이 없다.
5. ____ run fast in the classroom. 교실 안에서 달리지 마라.
6. I don't have ____ for you. 나는 너를 위해 아무것도 가지고 있지 않다.
7. I think ___, ___. 나도 역시 그렇게 생각한다.
8. I don't think so, ____. 나도 역시 그렇게 생각하지 않는다.
9. I have ___ money. 나는 돈이 없다.
10. ____ careful. 조심해라.
11. ____ quiet. 조용히 해라.
12. ____ open the door. 문을 열지 마라.
13. I have ____ for you. 나는 너를 위해 무언가를 가지고 있다.
14. I don't have ___ for you. 나는 너를 위한 아무것도 가지고 있지 않다.

unit 3 진행형

핵심 98. 현재 진행형: Be 동사 + -ing형

예 1) He runs well. 그는 잘 달리는 아이인데 지금은 공부를 하고 있을 수도 있다.
예 2) He is running well. 그는 지금 잘 달리고 있는 중이다. (현재 달리는 중)
예 3) The tree is dying. 나무가 죽어 가고 있다.
　　　※ die의 진행형은 dying

핵심 99. 과거 진행형: (was, were) + -ing형

예) I was riding my bicycle home from school.
　　　과거 진행형
나는 자전거를 타고 학교에서 집으로 오고 있었다.

확인 문제 10

밑줄을 적합한 말로 채워 진행형을 만드세요.

1. She ___ ___ in the classroom then. (teach)
   그는 그때 가르치고 있는 중이었다. (과거 진행)
2. They ___ ___ basketball. (play)
   그들은 농구를 하고 있는 중이다. (현재 진행)
3. She ___ ___ behind the tree two hours ago. (cry)
   그녀는 두 시간 전에 나무 뒤에서 울고 있었다. (과거 진행)
4. I ___ ___ something cold. (look for)
   나는 무언가 시원한 것을 찾고 있다. (현재 진행)
5. He ___ ___ now. 그는 지금 달리고 있는 중이다.
6. The tree ___ ___. 나무가 죽어 가고 있다.
7. He ___ ___, when I saw him.
   내가 그를 보았을 때 그는 춤추고 있었다.
8. They ___ ___, when I met them.
   내가 그들을 만났을 때 그들은 싸우고 있었다.
9. We ___ ___, 우리는 먹고 있는 중이다.

핵심 100. know(알다), have(가지고 있다), see(보다) 등과 같은 상태를 알려 주는 동사는 진행형을 쓰지 않는다.

예) I am seeing a flower. (X) I am knowing him. (X)

그러나 have가 '먹다'라는 뜻으로 쓰일 때는 진행형이 가능하다.

예) I am having lunch. (O) 나는 점심을 먹고 있다.

핵심 101. look at(~보다), look for(~을 찾다)는 진행형을 쓴다.

{ She is seeing her shoes. (X)
She is looking at her shoes. (O)

핵심 102. I <u>am going to</u> play soccer on this Sunday. 나는 이번 일요일에 축구를 하려고 한다.

※ be going to 동사 원형: ~하려고 한다.

He <u>is going to</u> move Seoul. 그는 서울로 이사를 가려고 한다.
　　　~하려고 한다.

(의문문) A: Is he going to move to Seoul?
　　　　B: Yes, he is. 또는 No, he isn't.

※ Be 동사가 있는 문장은 항상 Be 동사만 앞으로 나가면 의문문이 되고 대답은 역시 Be 동사로 한다.

확인 문제 11

다음 밑줄에 적합한 단어를 쓰세요.

1. He is ___ to buy a turtle. 그는 거북이 한 마리 사려고 해.
2. ___ you going to like me? 너 나를 좋아하려고 하니?
3. They are ___ ___ to invite my brothers.
   그들은 나의 형들을 초대하지 않으려고 한다.
4. He is ___ ___ to visit his friends. 그는 친구들을 방문하지 않으려고 한다.
5. She is going ___ lead that team. 그녀가 팀을 이끌 것이다.
6. ___ he ___ to run away. 그는 달아나 버리려고 하니?
7. He is ___ at my album. 그는 나의 앨범을 쳐다보고 있다.
8. I ___ ___ lunch now. 나는 지금 점심을 먹고 있는 중이다.

제10장 모범 답안

확인 문제 1

1. Do 2. Did 3. Did 4. Do 5. Did 6. Does
7. Do, that German 8. Did 9. Do, that

확인 문제 2

1. He brings hot water to you. → Does he bring hot water to you?
2. You want to be a teacher. → Do you want to be a teacher?
3. You wrote a letter to him. → Did you write a letter to him?
4. You broke the window last night? → Did you break the window last night?
5. He went to school on foot. → Did he go to school on foot?

확인 문제 3

1. That lady is my sister. (X)
2. I don't know that lady. (X)
3. I thought that he told a lie. (O)
4. You told me that she was sad. (O)
5. This is mine. That is yours. (X)

확인 문제 4

1. I did. 2. doesn't. 3. I don't. 4. I do. 5. she didn't.

확인 문제 5

1. Yes, I do. 2. No, I don't. 3. Don't / Yes, do.
4. Didn't / No, didn't. 5) Yes, does.

📝 확인 문제 6

1. You like cats. → You don't like cats.
2. Minsu knows me. → Minsu doesn't know me.
3. My sister has a red car. → My sister doesn't have a red car.
4. My parents want a big house. → My parents don't want a big house.
5. I sang a song last night. → I didn't sing a song last night.
6. He entered the bank yesterday. → He didn't enter the bank yesterday
7. I bought a handbag to send to my daughter. → I didn't buy a handbag to send to my daughter.

📝 확인 문제 7

1. **don't, by** 2. **doesn't drink, every** 3. **didn't**
4. **don't** 5. **don't** 6. **don't, their house.**

📝 확인 문제 8

1. He **didn't** eat breakfast yesterday.
2. I didn't **invite** his son to the party.
3. They didn't **get** to the meeting in time.
4. He **doesn't** know my sister.
5. I **didn't** wear blue jacket yesterday.
6. It **doesn't smell** sweet.
7. She didn't **play** the piano last night.
8. He **doesn't** open the window.
9. She doesn't **play** the piano.
10. I **don't** think so.

확인 문제 9

1. too   2. either   3. any   4. no   5. Don't   6. anything
7. so, too   8. either   9. no   10. Be   11. Be   12. Don't
13. something   14. anything

확인 문제 10

1. was teaching   2. are playing   3. was crying   4. am looking for
5. is running   6. is dying   7. was dancing   8. were fighting
9. are eating

확인 문제 11

1. going   2. Are   3. not going   4. not going   5. to   6. Is, going
7. looking   8. am, having(eating)

제10장 확인 문제

확인 문제 1 (핵심 86)

밑줄 위에 Do, Does, Did 중 하나를 넣으세요.

1. ___ you have a tennis racket now?
2. ___ you hit him last night?
3. ___ he buy a cat last week ?
4. ___ you drink wine every day?
5. ___ he help you last Sunday?
6. ___ he like her? (현재)
7. ___ you know ___ ___? 저 독일 사람을 아니?
8. ___ he send a letter to you? 그가 너에게 편지를 보냈니? (과거 의문문)
9. ___ you think ___ he is clever? 너는 그가 영리하다고 생각하니?

확인 문제 2 (핵심 86)

다음 문장들을 의문문으로 바꾸세요.

1. He brings hot water to you. → _____
2. You want to be a teacher. → _____
3. You wrote a letter to him. → _____
4. You broke the window last night? → _____
5. He went to school on foot. → _____

확인 문제 3 (핵심 86)

다음 문장들의 that이 생략 가능하면 O, 생략 가능하지 않으면 X를 치세요.

1. That lady is my sister. ( )
2. I don't know that lady. ( )
3. I thought that he told a lie. ( )
4. You told me that she was sad. ( )
5. This is mine. That is yours. ( )

확인 문제 4 (핵심 87)

밑줄 위에 적합한 말을 써서 답을 완성하세요.

1. A: Did you wash the dishes after lunch for your mom?
   B: Yes, ____ ____.

2. A: Does he know your name?
   B: No, he _____.

3. A: Do you want a birthday party?
   B: No, ____ ____.

4. A: Do you have children?
   B: Yes, ___ ___.

5. A: Did she like your son?
   A: No, ___ ___.

확인 문제 5 (핵심 88~89)

밑줄에 적합한 말을 넣어 대화를 완성하세요.

1. A: Don't you drink Soda? 너 소다 마시지 않니?
   B: ___, ___ ___. 나 소다 마셔.

2. A: Don't you drink Soda? 너 소다 마시지 않니?
   B: ___, ___ ___. 나 소다 안 마셔.

3. A: ____ you like me? 너 나 좋아하지 않니?
   B: ___, I ___. 응, 좋아해.

4. A: ____ you like dogs? 너 개를 좋아하지 않았니? (과거)
   B: ___, I ___. 아니, 안 좋아했어.

5. A: Doesn't he study hard? 그는 열심히 공부하지 않니?
   B: ___, he ___. 열심히 공부해.

확인 문제 6 (핵심 90~91)

다음 문장들을 부정문으로 만드세요.

1. You like cats. → _____
2. Minsu knows me. → _____
3. My sister has a red car. → _____
4. My parents want a big house. → _____
5. I sang a song last night. → _____
6. He entered the bank yesterday. → _____
7. I bought a handbag to send to my daughter. → _____

확인 문제 7 (핵심 90~91)

다음 밑줄을 채우세요.

1. They ___ go to school ___ train.	그들은 열차 타고 학교에 가지 않는다.
2. He ___ ___ milk ___ morning.	그는 매일 아침 우유를 마시는 것은 아니다.
3. I ___ meet him at the party yesterday.	나는 어제 그를 파티에서 만나지 않았다.
4. Dogs ___ like fruits.	개들은 과일을 좋아하지 않는다.
5. Tom and Mary ___ like meat.	탐과 메리는 고기를 좋아하지 않는다.
6. We ___ like ___ ___.	우리는 그들의 집을 좋아하지 않는다.

확인 문제 8 (핵심 90~91)

다음 문장에서 표현이 어색한 곳을 찾아 고치세요.

1. He doesn't eat breakfast yesterday.
2. I didn't invited his son to the party.
3. They didn't gets to the meeting in time.
4. He don't know my sister.
5. I don't wear blue jacket yesterday.
6. It don't smells sweet.
7. She didn't plays the piano last night.
8. He don't open the window.
9. She doesn't plays the piano.
10. I doesn't think so.

확인 문제 9 (핵심 92~97)

밑줄에 적합한 말을 써 넣으세요.

1. A: I like science.
   B: I like science, ____. (~도 역시)
2. A: I don't like a cat.
   B: I don't like a cat, ____. (~도 역시)
3. A: Do you have some money to lend me?
   B: I don, t have ____ money. 어떤 돈도 없다.
4. A: Do you have some books to read.
   B: I have ____ books to read. 읽을 책이 없다.
5. ____ run fast in the classroom. 교실 안에서 달리지 마라.
6. I don't have ____ for you. 나는 너를 위해 아무것도 가지고 있지 않다.
7. I think ____, ____. 나도 역시 그렇게 생각한다.
8. I don't think so, ____. 나도 역시 그렇게 생각하지 않는다.
9. I have ____ money. 나는 돈이 없다.
10. ____ careful. 조심해라.
11. ____ quiet. 조용히 해라.
12. ____ open the door. 문을 열지 마라.
13. I have ____ for you. 나는 너를 위해 무언가를 가지고 있다.
14. I don't have ____ for you. 나는 너를 위한 아무것도 가지고 있지 않다.

확인 문제 10 (핵심 98~99)

밑줄을 적합한 말로 채워 진행형을 만드세요.

1. She ___ ___ in the classroom then. (teach)
   그는 그때 가르치고 있는 중이었다. (과거 진행)
2. They ___ ___ basketball. (play)
   그들은 농구를 하고 있는 중이다. (현재 진행)
3. She ___ ___ behind the tree two hours ago. (cry)
   그녀는 두 시간 전에 나무 뒤에서 울고 있었다. (과거 진행)
4. I ___ ___ ___ something cold. (look for)
   나는 무언가 시원한 것을 찾고 있다. (현재 진행)
5. He ___ ___ now. 그는 지금 달리고 있는 중이다.
6. The tree ___ ___. 나무가 죽어 가고 있다.
7. He ___ ___, when I saw him.
   내가 그를 보았을 때 그는 춤추고 있었다.
8. They ___ ___, when I met them.
   내가 그들을 만났을 때 그들은 싸우고 있었다.
9. We ___ ___, 우리는 먹고 있는 중이다.

확인 문제 11 (핵심 100~102)

다음 밑줄에 적합한 단어를 쓰세요.

1. He is ___ to buy a turtle. 그는 거북이 한 마리 사려고 해.
2. ___ you going to like me? 너 나를 좋아하려고 하니?
3. They are ___ ___ to invite my brothers.
   그들은 나의 형들을 초대하지 않으려고 한다.
4. He is ___ ___ to visit his friends. 그는 친구들을 방문하지 않으려고 한다.
5. She is going ___ lead that team. 그녀가 팀을 이끌 것이다.
6. ___ he ___ to run away. 그는 달아나 버리려고 하니?
7. He is ___ at my album. 그는 나의 앨범을 쳐다보고 있다.
8. I ___ ___ lunch now. 나는 지금 점심을 먹고 있는 중이다.

3부
통문장 복습편

통문장으로 복습하는 과정

제1장 명사 Ⅰ, 제2장 형용사, 제3장 대명사

1. (　　) kind father 나의 친절한 아빠
2. (　　) beautiful flower 아름다운 한 송이 꽃
3. (　　) parents 그들의 부모님들
4. (　　) black eyes 그의 검은 눈
5. (　　) kind mother 나의 친절한 엄마
6. (　　) cute dog 그의 귀여운 개
7. (　　) yellow book 그녀의 노란 책
8. (　　) small room 너의 작은 방

제4장 Be 동사

9. I (　　) an idle student. 나는 게으른 학생이다.
10. You (　　) a (　　) doctor. 당신은 친절한 의사입니다.
11. He (　　) tired now. 그는 지금 피곤하다.
12. She (　　) nine (　　) old. 그녀는 아홉 살이다.
13. They (　　) very clever. 그들은 매우 총명하다.
14. He (　　) very handsome. 그는 매우 잘생겼다.
15. (　　) cats (　　) sick. 그들의 고양이가 아프다.
16. Tom and Mary (　　) tired. 탐과 메리는 피곤하다.
17. The (　　) (　　) cute. 고양이들이 귀엽다.
18. (　　) hair (　　) black. 나의 머리카락은 검다.
19. (　　) room (　　) large. 당신의 방은 넓다.
20. Here (　　) your hat. 여기에 너의 모자가 있다.
21. Her books (　　) dirty. 그녀의 책들은 더럽다.
22. Their parents (　　) rich. 그들의 부모님들은 부유하다.
23. Pizza (　　) my favorite food. 피자는 내가 좋아하는 음식이다.
24. (　　) mom (　　) tired. 나의 엄마는 피곤하시다.

25. I (　　) a smart student. 나는 영리한 학생이다.
26. The sea (　　) red. 바다가 붉다.
27. The bird (　　) pretty. 새가 예쁘다.
28. She (　　) a player. 그녀는 선수이다.
29. They (　　) (　　) brothers. 그들은 그의 형제들이다.
30. (　　) black. 그것은 검다.
31. I (　　) (　　) idle farmer. 나는 게으른 농부다.
32. I (　　) a teacher. 나는 선생이다.
33. I (　　) a student. 나는 학생이었다.
34. You (　　) a student, (　　). 너도 역시 학생이었다.
35. I (　　) beautiful (　　). 나는 그때 예뻤다. (과거)
36. He (　　) ten (　　) old then. 그는 그때 10살이었다. (과거)
37. Two years ago, he (　　) here. 2년 전에는 그가 여기에 있었다.
38. You (　　) a student then, (　　). 너도 역시 그때는 학생이었다. (과거)
39. Tom and Jane (　　) here now. 탐과 제인이 지금은 여기에 있다. (현재)
40. Tom and Mary (　　) there three years (　　). 탐과 메리는 3년 전에 거기에 있었다. (과거)
41. They (　　) rich now. 그들은 지금 부유하다. (현재)
42. But they (　　) poor then. 그러나 그때는 가난했다. (과거)
43. This (　　) an ill bird. 이것은 아픈 새다.
44. These apples (　　) yellow. 이 사과들은 노랬었다.
45. Your hat (　　) here. 여기에 너의 모자가 있었다.
46. You (　　) poor ten years ago. 너는 10년 전에 가난했다.
47. I (　　) happy yesterday. 나는 어제 행복했다.
48. Kain and Marian (　　) there two hours ago. 케인과 마리앤은 두 시간 전에 거기에 있었다.
49. (　　) hour is long. 한 시간은 길다.
50. Six (　　) (　　) sick. 여섯 마리의 고양이가 아프다.
51. She is (　　) mom. 그분은 나의 엄마다.
52. They are (　　) brothers. 그들은 우리들의 형제들이다.
53. (　　) face is red. 너의 얼굴은 빨갛다.
54. (　　) father is handsome. 나의 아버지는 잘생기셨다.
55. (　　) parents were unhappy yesterday. 우리 부모님은 어제 불행하셨다.
56. They are (　　) apples. 그것들은 그의 사과들이다.
57. (　　) her cat. 그것은 그녀의 고양이다.
58. (　　) tail is long. 그것의 꼬리는 길다.
59. (　　) dogs (　　) cute. 저 개들은 귀엽다.
60. Our sisters (　　) pretty. 우리의 누이들은 예쁘다.

61. You and I (   ) friends. 너와 나는 친구다.
62. He(   ) (   ) English teacher. 그는 나의 영어 선생님이다.
63. These apples are (   ). 이 사과들은 그녀의 것이다.
64. His students (   ) ugly. 그의 학생들은 못생겼다.
65. You and I were poor ten years (   ). 너와 나는 10년 전에 가난했다.
66. The bag is (   ). 가방은 그의 것이다.
67. The book is (   ). 그 책은 나의 것이다.
68. The flowers are (   ). 꽃들이 너의 것이다.
69. (   ) dogs are very big. 저 개들은 매우 크다.
70. The money is (   ). 그 돈은 그들의 것이다.
71. I am very tired (   ) afternoon. 나는 오늘 오후 매우 피곤하다.
72. This bread is (   ). 이 빵은 우리들의 것이다.
73. These oranges are (   ). 이 오렌지들은 너의 것이다.

제5장 Be 동사의 부정문과 의문문

74. I am (   ) very happy. 나는 행복하지 않다.
75. I (   ) (   ) tall. 나는 키가 크지 않다.
76. He (   ) (   ) frank. 그는 정직하지 않았다. (과거)
77. The weather (   ) (   ) hot two days ago. 이틀 전에는 날씨가 덥지 않았다.
78. It (   ) (   ) cool. 날씨가 선선하지 않다.
79. He (   ) (   ) clever. 그는 영리하지 않았다. (과거)
80. I (   ) (   ) sad then. 나는 그때 슬프지 않았다. (과거)
81. The babies (   ) (   ) here. 아기들은 여기에 있지 않았다. (과거)
82. The knives (   ) (   ) sharp. 칼들이 날카롭지 않다. (현재)
83. The couple (   ) (   ) happy at first. 그 부부는 처음에는 행복하지 않았다. (과거)
84. Tom and Mary (   ) (   ) a couple. 탐과 메리는 부부가 아니다. (현재)
85. The bottle (   ) (   ) big. 그 병은 크지 않다. (현재)
86. The wood (   ) (   ) heavy. 그 나무는 무겁지 않았다. (과거)
87. They (   ) farmers. 그들은 농부들이 아니다. (현재)
88. He (   ) rich three years ago. 그는 3년 전에는 부자가 아니었다. (과거)
89. The students (   ) quiet. 학생들이 조용하지 않았다. (과거)
90. He (   ) ugly. 그는 못생기지 않았었다. (과거)
91. She (   ) lovely then. 그녀는 그때는 사랑스럽지 않았다. (과거)

92. My parents (   ) unhappy yesterday. 나의 부모님은 어제 불행하지 않았다. (과거)
93. You (   ) a doctor. 당신은 의사다.
94. A: (   ) (   ) a doctor? 너 의사니?
    B: (   ), I am (   ). 아니, 나는 의사가 아니다.
95. The (   ) is handsome. 그 가수는 잘생겼다.
96. A: (   ) the singer handsome? 그 가수 잘생겼니?
    B: Yes, (   ) (   ). 그래, 그는 잘생겼다.
97. A: (   ) (   ) a math teacher? 당신은 수학 선생님입니까?
    B: Yes, (   ) (   ). 네, 그렇습니다.
98. A: (   ) (   ) poor two years ago? 그는 2년 전에 가난했니?
    B: No, he (   ). 아니, 그렇지 않았다.
99. (   ) (   ) two trees on the playground. 운동장에 나무 두 그루가 있었다. (과거)
100. A: (   ) (   ) two trees on the playground? 운동장에 나무 두 그루가 있었니?
    B: Yes, (   ) (   ). 그래, 있었다.
101. A: (   ) (   ) tall? 그는 키가 크니?
    B: No, (   ) (   ). 아니, 그렇지 않다.
102. A: (   ) this question difficult? 이 문제 어렵니?
    B: Yes. (   ) is. 그래, 그렇다.
103. A: (   ) (   ) (pro   ) difficult? 이 문제들 어렵니?
    B: Yes, (   ) are. 그래, 그렇다.
104. A: (   ) the questions difficult? 그 질문들 어려웠니?
    B: Yes, (   ) (   ). 그래, 어려웠다.
105. A: (   ) (   ) trees expensive? 저 나무들은 비싸니?
    B: No, (   ) (   ). 아니, 안 비싸.
106. (   ) he tired after the game? 그가 경기 후에 피곤했니? (과거)
107. A: (   ) (   ) sick now? 너 지금 아프니?
    B: Yes, (   ) (   ). 그래, 아파
108. A: (   ) (   ) sick now? 너 지금 아프니?
    B: No, I (   ) (   ). 아니, 안 아파.
109. A: (   ) this wine expensive? 이 포도주 비싸니?
    B: No, (   ) not. 아니, 안 비싸.
110. A: (   ) (   ) wine expensive? 이 포도주 비싸니?
    B: Yes, (   ) (   ). 그래, 비싸.
111. A: (   ) (   ) youths helpful? 이 젊은이들이 도움이 되었습니까?
    B: Yes, (   ) (   ). 예, 그들은 도움이 되었습니다. (과거)

112. A: ( ) ( ) youths helpful? 이 젊은이들이 도움이 됩니까?
    B: No, ( ) ( ). 아니, 그렇지 않아.
113. A: ( ) ( ) rich? 당신은 과거에 부유했습니까?
    B: Yes, ( ) ( ). 예, 그렇습니다.
114. You ( ) a dog. I like ( ) dog. 너는 개를 가지고 있다. 나는 그 개를 좋아한다.
115. ( ) ( ) an orange in the box. 상자 안에 귤이 한 개 있다.
116. A: ( ) ( ) a boy in the classroom? 교실 안에 소년이 한 명 있습니까?
    B: Yes, ( ) ( ). 예, 있습니다.
117. A: ( ) ( ) a boy in the classroom? 교실 안에 소년이 한 명 있습니까?
    B: No, ( ) ( ). 아니오, 없습니다.
118. ( ) ( ) a white building ( ) the river. 강 옆에 흰 건물이 하나 있었다. (과거)
119. ( ) ( ) three students ( ) the classroom. 교실 안에 세 명의 학생이 있다. (현재)
120. ( ) ( ) three cats ( ) the table. 테이블 아래 세 마리의 고양이가 있었다. (과거)
121. There ( ) an orange ( ) the table. 테이블 위에 오렌지가 한 개 있다. (현재)
122. A: ( ) ( ) a dog in the house? 집 안에 개 한 마리가 있니?
    B: Yes, ( ) ( ). 그래, 있다. (현재)
123. ( ) ( ) two white houses ( ) the river? 강 옆에 두 채의 하얀 집이 있었니? (과거)
124. A: Are you tired? 피곤하니? B: Yes, ( ) ( ). 그래, 피곤해.
125. A: ( ) ( ) your money? 이것은 너의 돈이니?
    B: Yes, ( ) is ( ) money. 응, 그래.
126. A: ( ) these candies ( )? 이 사탕들이 너의 것이니?
    B: No, ( ) aren't. 아니, 내 것이 아니야.
127. A: ( ) the men in the office kind? 사무실의 사람들이 친절했니?
    B: Yes, ( ) were. 그래, 그들은 친절했어.
128. A: ( ) you a fool? 너 바보 아니니?
    B: No, I am not. 아니, 나는 바보가 아니야.
129. A: ( ) he poor? 그는 가난하지 않니?
    B: Yes, he is. 그래, 그는 가난해.
130. A: Aren't you thirsty now? 너 지금 목마르지 않니?
    B: No, ( ) not. 아니, 목마르지 않은데.
131. A: ( ) he a rich man? 그는 부자 아니니?
    B: Yes, he is. 그래, 그는 부자야.
132. A: ( ) ( ) hot outside? 바깥이 덥지 않니? B: Yes, it is. 응, 더워.
133. A: Aren't they idle? 그들은 게으르지 않니?
    B: No, they ( ). 아니, 게으르지 않아
134. A: Aren't you tired? 너 피곤하지 않니?
    B: Yes, ( ) ( ). 응, 피곤해.

135. A: Aren't you hungry now? 지금 배고프지 않니?
     B: Yes, ( ) ( ). 그래, 배가 고프다.
136. A: ( ) you hungry now? 지금 배고프지 않니?
     B: No, I am ( ). 아니, 배가 고프지 않아.

제6장 전치사

137. go ( ) school. 학교에 가다.
138. speak ( ) me. 나에게 이야기하다.
139. ( ) Seoul ( ) Busan 서울서 부산까지
140. I am ( ) Korea. 나는 한국에서 왔다(한국 출신이다).
141. go ( ) him. 그와 함께 가다.
142. come ( ) a pen. 펜을 가지고 오다.
143. ( ) the classroom 교실 안에
144. ( ) Seoul 서울에
145. ( ) a red jacket 빨간 재킷을 입고
146. ( ) March 3월에
147. sick ( ) bed 아파서 침대에 누워 있는
148. ( ) the building 빌딩 안으로
149. ( ) the hospital 병원에서
150. ( ) seven o'clock 7시에
151. ( ) the table 테이블 위에
152. ( ) the wall 벽에
153. ( ) the table 테이블 위에
154. go ( ) an umbrella. 우산 없이 가다.
155. go (b   ). 아래로 내려가다.
156. fly (ab   ) the trees. 나무들 위로 날다.
157. ( ) the table 테이블 아래
158. ( ) the window 창문 옆에
159. ( ) me 나에 의하여
160. ( ) the tree 나무 뒤에
161. ( ) two months 2달 동안
162. ( ) them 그들을 위하여
163. ( ) the business 사업에 대하여

164. ( ) 5 meters 약 5미터
165. Three students ( ) ( ) the classroom. 세 명의 학생이 교실 안에 있다.
166. I (w) ( ) school. 나는 학교로 걸어서 간다.
167. I live ( ) Seoul. 나는 서울에 산다.
168. Two books were ( ) the desk. 두 권의 책이 책상 위에 있었다.
169. Two girls were ( ) the window. 두 명의 소녀가 창문 옆에 있었다.
170. He is sick ( ) bed. 그는 아파서 누워 있다.
171. I played tennis ( ) him. 나는 그와 함께 테니스를 쳤다.
172. A cat is ( ) the table. 고양이 한 마리가 테이블 아래 있다.
173. We met ( ) the bank. 우리는 은행에서 만났다.
174. I am ( ) Seoul. 나는 서울 출신이다.
175. He is ( ) me in math. 그는 수학에서 나보다 위다.
176. ( ) morning. 안녕하세요. (아침 인사)
177. ( ) afternoon. 안녕하세요. (오후 인사)
178. ( ) evening. 안녕하세요. (저녁 인사)
179. (H) or Hello. 안녕.
180. How ( ) you doing? 어떻게 지내십니까? 안녕하세요?
181. How is ( ) going? or ( ) is everything? 어떻게 지내십니까?
182. Welcome ( ) Seoul. 서울에 오신 것을 환영합니다.
183. A: ( ) are you? 어떻게 지내세요?
    B: I am fine. Thank you. 잘 지냅니다. 감사합니다.
184. A: How are you ( )? 안녕하세요? 어떻게 지내세요?
    B: So-( ). 그저 그렇습니다.
185. Glad ( ) meet you. 만나서 반갑습니다.
186. Thank you ( ) your letter. 당신의 편지에 대해 감사합니다.
187. Thank you. 감사합니다. (아래 191번까지 이에 대한 답)
188. You're ( ). 천만에요.
189. It's ( ) pleasure. 저도 기뻐요.
190. ( ) mention ( ). 그런 말씀 하지 마세요.
191. ( ) problem. 문제없어, 뭘 그런 걸 가지고.
192. I ( ) good ( ) soccer. 나는 축구를 잘한다.
193. She listens ( ) songs ( ) English. 그 여자는 영어로 노래를 듣는다.
194. Thank you ( ) your help. 당신의 도움에 대해 감사합니다.
195. I am good ( ) English. 나는 영어를 잘한다.
196. He talked ( ) me ( ) Korean. 그는 나에게 한국말로 말했다.

제7장 일반 동사

197. I ( ) flowers. 나는 꽃을 좋아한다.
198. You ( ) flowers. 너는 꽃을 좋아한다.
199. They ( ) flowers. 그들은 꽃을 좋아한다.
200. He ( ) flowers. 그는 꽃을 좋아한다.
201. Tom and Mary ( ) flowers. 탐과 메리는 꽃을 좋아한다.
202. She ( ) flowers. 그녀는 꽃을 좋아한다.
203. She ( ) happy. 그녀는 행복하게 느낀다.
204. The horses ( ) water. 말들이 물을 마신다.
205. My father ( ) the letter. 나의 아빠가 편지를 보내신다.
206. That singer ( ) a beautiful song. 저 가수는 아름다운 노래를 부른다.
207. They ( ) a beautiful house. 그들은 아름다운 집을 가지고 있다.
208. He follows ( ). 그는 그 여자를 따라간다.
209. They ( ) you. 그들은 너를 좋아한다.
210. This cat (di) fish. 이 고양이는 생선을 좋아하지 않는다.
211. My friends ( ) basketball. 나의 친구들은 농구를 즐긴다.
212. She ( ) pretty eyes. 그녀는 예쁜 눈을 가지고 있다.
213. He ( ) math. 그는 수학을 가르친다.
214. Mom ( ) the dishes after lunch. 엄마는 점심 식사 후에 설거지를 하신다.
215. He ( ) to the market ( ) bus. 그는 버스를 타고 시장에 간다.
216. He ( ) his homework in the library. 그는 도서관에서 숙제를 한다.
217. Brown and Jane ( ) each ( ). 브라운과 제인은 서로 사랑한다.
218. She ( ) two sisters. 그녀는 여동생이 둘 있다.
219. I think ( ) she is pretty. 나는 그녀를 예쁘다고 생각한다.
220. I ( ) English. 나는 영어를 배운다.
221. This bag is ( ) you. 이 가방은 너 줄 거야.
222. He ( ) some bread. 그는 얼마의 빵을 가져온다.
223. He ( ) the room. 그는 방을 청소한다.
224. I ( ) a doll. 나는 인형을 가지고 있다.
225. These candies smell ( ). 이 사탕들은 달콤한 냄새가 난다.
226. They were very (f). 그들은 매우 우호적이었다.
227. He runs ( ). 그는 빨리 달린다.
228. You work ( ). 너는 열심히 일한다.
229. She dances (b). 그는 아름답게 춤춘다.

230. He teaches (   ). 그는 친절하게 가르친다.
231. They clean (q   ). 그들은 조용하게 청소한다.
232. He looks (   ). 그는 행복하게 보인다.
233. That sounds (   ). 그것 참 좋은 생각이야.
234. It smells (   ). 그것은 달콤한 냄새가 난다.
235. It tastes (   ). 그것은 맛있다.
236. He (   ) a love letter last night. 그는 어젯밤 연애편지를 썼다.
237. He was sick in bed (   ) week. 그는 지난주에 아파서 침대에 누워 있었다.
238. She (   ) a red car one year (   ). 그녀는 1년 전에 빨간 차를 샀다.
239. I (   ) the TV (   ) two hours yesterday. 나는 어제 두 시간 동안 TV를 보았다.
240. He (   ) me a horse. 그는 나에게 말 한 마리를 주었다.
241. She (   ) to school (   ) bike. 그는 자전거를 타고 학교에 갔다.
242. I (   ) them three hours ago. 나는 그들을 세 시간 전에 보았다.
243. I (   ) breakfast (   ) nine o'clock. 나는 9시에 아침을 먹었다.
244. She (   ) a cold. 그녀는 감기 걸렸다.
245. She (   ) her baby (   ) her husband. 그녀는 그녀의 아이를 남편에게 보냈다.
246. He (   ) the first prize. 그는 1등상을 탔다.
247. (   ) tell a lie. 거짓말하지 마라.
248. He (   ) me (   ) of wine. 그는 나에게 많은 포도주를 주었다.
249. He (   ) lots of wine (   ) me. 그는 나에게 많은 포도주를 주었다.
250. He (   ) me a new bag. 그는 나에게 새 가방을 하나 사 주었다.
251. He bought a new bag (   ) me. 그는 나에게 새 가방을 하나 사 주었다.
252. He asked (   ) a question. 그는 나에게 질문을 했다.
253. He asked a question (   ) me. 그는 나에게 질문을 했다.
254. He told (   ) a story. 그는 나에게 이야기를 해 주었다.
255. Mr. Brown gave a book (   ) me. 브라운 씨가 나에게 책을 한 권 주었다.
256. My mom bought a new shirt (   ) him. 엄마는 그에게 새 셔츠를 한 벌 사 주셨다.
257. She (   ) a new dress (   ) me. 그녀는 나에게 새 드레스를 만들어 주었다.
258. Many monkeys (   ) (   ) bread. 많은 원숭이들이 많은 빵을 먹었다.
259. A (   ) of thirsty horses (   ) a (   ) of water. 많은 목마른 말들이 많은 물을 마셨다.
260. (   ) room is full (   ) much old furniture. 우리의 방은 많은 고가구들로 가득 차 있다.
261. My family (   ) small. 나의 가족은 핵가족이다. (단수 취급)
262. My family (   ) all tall. 나의 가족(개개 구성원들)은 모두 키가 크다. (복수 취급)
263. Every student (   ) absent (   ) the class. 모든 학생들이 수업에 결석했다.
264. Everything (   ) good for me. 모든 것이 나에게 좋았다. (과거)
265. Four legs of the table (   ) long. 테이블의 다리 네 개가 길다.

제9장 to 부정사 I

266. They work hard ( ) make money. 그들은 돈을 벌기 위해 열심히 일한다.
267. ( ) swim in the river is fun. 강에서 수영하는 것은 재미있다.
268. I ran fast ( ) meet the strange man. 나는 그 이상한 남자를 만나려고 빨리 달려갔다.
269. I have a lady ( ) introduce to you. 너에게 소개할 아가씨가 있다.
270. ( ) please you is my pleasure. 당신을 기쁘게 하는 것이 나의 기쁨이다.
271. I want ( ) ( ) an actor. 나는 배우가 되는 것을 원한다.
272. My hobby is ( ) collect stamps. 나의 취미는 우표를 수집하는 것이다.
273. The turtle needs something ( ) ( ). 거북이는 뭔가 마실 것을 필요로 한다.
274. It's ( ) ( ) exercise. 운동할 시간이다.
275. He came early ( ) see me. 그는 나를 보려고 일찍 왔다.
276. My friends were very sad ( ) hear the news. 나의 친구들은 그 소식을 듣고 매우 슬퍼했다.
277. Minho grew up ( ) be a gardner. 민호는 자라서 정원사가 되었다.
378. She has no books ( ) read. 그녀는 읽을 책이 없다.
379. He likes ( ) listen to the music. 그는 음악을 듣는 것을 좋아한다.
280. ( ) be honest is the best way. 정직한 것이 최선의 길이다.
281. Martin stopped ( ) buy a can of soda. 마틴은 소다 한 캔을 사려고 멈췄다.
282. I want ( ) sleep. 나는 잠자고 싶다.
283. It's time ( ) call my mom. 엄마에게 전화를 걸 시간이다.
284. She studied very hard ( ) he failed the exam. 그는 열심히 공부했지만 시험에서 떨어졌다.
285. I am very glad ( ) see you. 너를 보니 매우 기쁘다.
286. ( ) eat ( ) much is bad ( ) your health. 너무 많이 먹는 것은 건강에 좋지 않다.
287. My hobby ( ) ( ) sing a song. 나의 취미는 노래를 부르는 것이다.
288. I like ( ) ( ) volleyball. 나는 배구를 하는 것을 좋아한다.
289. I began ( ) paint the wall. 나는 벽을 페인트칠하는 것을 시작했다.
290. ( ) see is ( ) believe. 보는 것이 믿는 것이다.
291. He ran fast ( ) catch the first train. 그는 첫 열차를 타려고 열심히 달렸다.
292. He ( ) me ( ) do my best. 그는 나에게 최선을 다하라고 말했다.
293. He told me ( ) ( ) do my best. 그는 나에게 최선을 다하지 말라고 말했다.
294. I told her ( ) prepare for the mid-term exam. 나는 그녀에게 중간고사를 준비하라고 말했다.
295. He told me ( ) ( ) go out after dark. 그는 나에게 어두워진 후에 외출하지 말라고 말했다.
296. I order you ( ) ( ) help him. 나는 너에게 그를 돕지 말라고 명령한다.
297. I want you ( ) succeed in this exam. 나는 네가 이번 시험에서 합격하기를 바란다.

제10장 일반 동사의 부정문과 의문문

298. You know that (　). 너는 저 독일인을 알고 있다.
399. (　) you know that German? 너는 저 독일인을 아니?
300. He (l　) this team. 그가 이 팀을 이끈다.
301. (　) he (　) this team? 그가 이 팀을 이끄니?
302. You sent textbooks (　) him. 너는 교과서들을 그에게 보냈다.
303. (　) you think that he is clever. 너는 그가 영리하다고 생각하느냐?
304. (　) you send textbooks (　) him? 교과서들을 그에게 보냈느냐? (과거)
305. (　) you have a tennis racket now? 너는 지금 테니스 라켓을 갖고 있니?
306. (　) you hit him last night? 네가 어제저녁에 그를 쳤니?
307. He bought a cat (　) week. 그는 지난주 고양이 한 마리를 샀다.
308. (　) he buy a cat last week? 그가 지난주에 고양이 한 마리를 샀니?
309. (　) he help you last Sunday? 그는 지난 일요일 너를 도왔니?
310. He brings hot water (　) her. 그가 그녀에게 뜨거운 물을 가져다준다.
311. (　) he bring hot water (　) her? 그가 뜨거운 물을 그녀에게 가져다주니?
312. (　) you want (　) (　) a teacher? 너는 선생님이 되기를 원하니?
313. You (　) the window yesterday. 너는 어제 창문을 깼다.
314. He (　) yesterday. 그는 어제 떠났다.
315. (　) you (　) the window last night? 네가 지난밤에 창문을 깼니?
316. (　) he (　) to school (　) foot? 그는 걸어서 학교에 갔니?
317. I think (　) he (　) a lie. 나는 그가 거짓말을 했다고 생각한다.
318. You told me (　) she was sad. 너는 그녀가 슬퍼하고 있다고 나에게 말했다.
319. This is (　). That is (　). 이것은 나의 것이고 저것은 너의 것이다.
320. A: (　) you have children? 자녀가 있습니까?
    B: Yes, I (　). 예, 있습니다.
321. A: (　) he know your name? 그가 당신이 이름을 압니까?
    B: No, (　) (　). 아니, 모릅니다.
322. A: (　) he cure your acne? 그가 당신의 여드름을 치료해 주었습니까?
    B: No, he (　). 아니오, 그렇지 않습니다.
323. A: (　) you wash the dishes after lunch for your mom. 점심 식사 후에 엄마를 위해 설거지를 했니?   B: Yes, I (　). 응, 그래.
324. A: (　) you want a birthday party? 생일 파티를 원하니?
    B: No, I (　). 아니, 원하지 않아.
325. A: (　) you like wine? 너 포도주 좋아하지 않니? (= 좋아하니?)
    B: Yes, I (　). 응, 좋아해

326. A: (   ) you buy a turtle last month? 너 지난달에 거북이 한 마리 사지 않았니?
    B: No, (   ) didn't. 아니, 안 샀는데.
327. A: (   ) you call me last night? 네가 나에게 어젯밤에 전화하지 않았니?
    B: No, (   ) (   ). 아니, 전화 안 했는데.
328. I (   ) think (   ). 나는 그렇게 생각하지 않았다. (과거)
329. I (   ) want him (   ) go with you. 나는 그가 너와 함께 가는 것을 원하지 않는다.
330. They go (   ) school (   ) train. 그들은 열차로 학교에 간다.
331. They (   ) go to school by train. 그들은 열차로 학교에 가지 않는다.
332. He drinks milk (   ) morning. 그는 매일 아침 우유를 마신다.
333. He doesn't (   ) milk (   ) morning. 그는 매일 아침 우유를 마시는 것은 아니다.
334. He (   ) me (   ) the party yesterday. 그는 어제 파티에서 나를 만났다.
335. He (   ) meet me at the party yesterday. 그는 어제 파티에서 나를 만나지 않았다.
336. He (   ) enter the bank yesterday. 그는 어제 은행에 들어가지 않았다.
337. I bought a handbag (   ) send (   ) my daughter. 나는 나의 딸에게 보낼 핸드백을 샀다.
338. I (   ) invite his son to the party. 나는 그의 아들을 파티에 초대하지 않았다.
339. They didn't (   ) (   ) the meeting in time. 그들은 모임에 시간 안에 도착하지 않았다.
340. It (   ) smell sweet. 그것은 달콤한 냄새가 나지 않는다.
341. She didn't play (   ) piano last night. 그녀는 어젯밤 피아노를 연주하지 않았다.
342. I don't think (   ). 나는 그렇게 생각하지 않는다.
343. I don't think so, (   ). 나도 역시 그렇게 생각하지 않는다.
344. I have (   ) money. 나는 돈이 없다.
345. I (   ) have (   ) money. 나는 돈이 없다.
346. (   ) careful. 조심해라.
347. (   ) open the door. 문을 열지 마라.
348. I (   ) eat any meat. 나는 고기를 한 점도 안 먹었다.
349. He put (s   ) pepper in the Ramyun. 그는 라면에 약간의 후추를 넣었다.
350. I have something (   ) you. 나는 너를 위한 무언가를 가지고 있다.
351. I don't have (   ) for you. 너는 너를 위한 어떤 것도 가지고 있지 않다.
352. I'm very hungry, (   ) I will eat anything. 나는 매우 배가 고프다. 그래서 나는 아무것이나 먹겠다.
353. A: (   ) you have some books (   ) read. 읽을 책이 좀 있습니까?
    B: I have (   ) books (   ) read. 읽을 책이 없다.
354. (   ) run in the classroom. 교실 안에서 달리지 마라.
355. He (   ) running well. 그는 지금 현재 잘 달리고 있는 중이다.
356. The tree is (   ). 나무가 죽어 가고 있다.
357. I (   ) riding my bicycle home from school. 나는 자전거를 타고 학교에서 집으로 오고 있었다.

358. She ( ) ( ) in the classroom then. 그녀는 그때 가르치고 있는 중이었다.
359. They ( ) ( ) basketball. 그들은 농구를 하고 있는 중이다.
360. She ( ) ( ) behind the tree. 그녀는 나무 뒤에서 울고 있었다.
361. I am ( ) ( ) something cold. 나는 무언가 시원한 것을 찾고 있다.
362. I am (h) lunch. 나는 점심을 먹고 있다.
363. I am ( ) to play soccer ( ) this Sunday. 나는 이번 일요일에 축구를 하려고 한다.
364. I ( ) going ( ) buy a turtle. 나는 거북이 한 마리 사려고 한다.
365. ( ) you trying to like me? 너 나를 좋아하려고 하니?
366. They ( ) trying ( ) to invite my brothers. 그들은 나의 형들을 초대하지 않으려고 한다.
367. He is not trying ( ) visit his friends. 그는 친구들을 방문하지 않으려고 한다.
368. She is ( ) ( ) lead that team. 그녀가 팀을 이끌 것이다.
369. ( ) ( ) going to run away. 그는 달아나려고 하니?

핵심 문장들 정리

전반부의 모든 단어들과 통문장 복습편의 모든 핵심 문장들은
원어민 선생님의 녹음 파일을 다운로드 받아 들을 수 있습니다.

다운로드 방법 → 우측 큐알코드를 인식하면 지식과감성# 자료실에서 받아 보실 수 있습니다.

1. my kind father 나의 친절한 아빠
2. a beautiful flower 아름다운 한 송이 꽃
3. their parents 그들의 부모님들
4 his black eyes 그의 검은 눈
5. my kind mother 나의 친절한 엄마
6. his cute dog 그의 귀여운 개
7. her yellow book 그녀의 노란 책
8. your small room 너의 작은 방
9. I am an idle student. 나는 게으른 학생이다.
10. You are a kind doctor. 당신은 친절한 의사입니다.
11. He is tired now. 그는 지금 피곤하다.
12. She is nine years old. 그녀는 아홉 살이다.
13. They are very clever. 그들은 매우 총명하다.
14. He is very handsome. 그는 매우 잘생겼다.
15. Their cats are sick. 그들의 고양이가 아프다.
16. Tom and Mary are tired. 탐과 메리는 피곤하다.
17. The cats are cute. 고양이들이 귀엽다.
18. My hair is black. 나의 머리카락은 검다.
19. Your room is large. 당신의 방은 넓다.
20. Here is your hat. 여기에 너의 모자가 있다.
21. Her books are dirty. 그녀의 책들은 더럽다.
22. Their parents are rich. 그들의 부모님들은 부유하다.
23. Pizza is my favorite food. 피자는 내가 좋아하는 음식이다.
24. My mom is tired. 나의 엄마는 피곤하시다.
25. I am a smart student. 나는 영리한 학생이다.
26. The sea is red. 바다가 붉다.

27. The bird is pretty. 새가 예쁘다.
28. She is a player. 그녀는 선수이다.
29. They are his brothers. 그들은 그의 형제들이다.
30. It's black. 그것은 검다.
31. I am an idle farmer. 나는 게으른 농부다.
32. I am a teacher. 나는 선생이다.
33. I was a student. 나는 학생이었다.
34. You were a student, too. 너도 역시 학생이었다.
35. I was beautiful then. 나는 그때 예뻤었다. (과거)
36. He was ten years old then. 그는 그때 10살이었다. (과거)
37. Two years ago, he was here. 2년 전에는 그가 여기에 있었다.
38. You were a student then, too. 너도 역시 그때는 학생이었다. (과거)
39. Tom and Jane are here now. 탐과 제인이 지금은 여기에 있다. (현재)
40. Tom and Mary were there three years ago. 탐과 메리는 3년 전에 거기에 있었다. (과거)
41. They are rich now. 그들은 지금 부유하다. (현재)
42. But they were poor then. 그러나 그때는 가난했다. (과거)
43. This is an ill bird. 이것은 아픈 새다.
44. These apples were yellow. 이 사과들은 노랬었다.
45. Your hat was here. 여기에 너의 모자가 있었다.
46. You were poor ten years ago. 너는 10년 전에 가난했다.
47. I was happy yesterday. 나는 어제 행복했다.
48. Kain and Marian were there two hours ago. 케인과 마리앤은 두 시간 전에 거기에 있었다.
49. An hour is long. 한 시간은 길다.
50. Six cats are sick. 여섯 마리의 고양이가 아프다.
51. She is my mom. 그분은 나의 엄마다.
52. They are our brothers. 그들은 우리들의 형제들이다.
53. Your face is red. 너의 얼굴은 빨갛다.
54. My father is handsome. 나의 아버지는 잘생기셨다.
55. Our parents were unhappy yesterday. 우리 부모님은 어제 불행하셨다.
56. They are his apples. 그것들은 그의 사과들이다.
57. It's her cat. 그것은 그녀의 고양이다.
58. Its tail is long. 그것의 꼬리는 길다.
59. Those dogs are cute. 저 개들은 귀엽다.
60. Our sisters are pretty. 우리의 누이들은 예쁘다.
61. You and I are friends. 너와 나는 친구다.
62. He is my English teacher. 그는 나의 영어 선생님이다.

63. These apples are hers. 이 사과들은 그녀의 것이다.

64. His students are ugly. 그의 학생들은 못생겼다.

65. You and I were poor ten years ago. 너와 나는 10년 전에 가난했다.

66. The bag is his. 가방은 그의 것이다.

67. The book is mine. 그 책은 나의 것이다.

68. The flowers are yours. 꽃들은 너의 것이다.

69. Those dogs are very big. 저 개들은 매우 크다.

70. The money is theirs. 그 돈은 그들의 것이다.

71. I am very tired this afternoon. 나는 오늘 오후 매우 피곤하다.

72. This bread is ours. 이 빵은 우리들의 것이다.

73. These oranges are yours. 이 오렌지들은 너의 것이다.

74. I am not very happy. 나는 행복하지 않다.

75. I am not tall. 나는 키가 크지 않다.

76. He was not frank. 그는 정직하지 않았다.

77. The weather was not hot two days ago. 이틀 전에는 날씨가 덥지 않았다.

78. It is not cool. 날씨가 선선하지 않다.

79. He was not clever. 그는 영리하지 않았다.

80. I was not sad then. 나는 그때 슬프지 않았다. (과거)

81. The babies were not here. 아기들은 여기에 있지 않았다. (과거)

82. The knives are not sharp. 칼들이 날카롭지 않다. (현재)

83. The couple were not happy at first. 그 부부는 처음에는 행복하지 않았다. (과거)

84. Tom and Mary are not a couple. 탐과 메리는 부부가 아니다. (현재)

85. The bottle is not big. 그 병은 크지 않다. (현재)

86. The wood was not heavy. 그 나무는 무겁지 않았다. (과거)

87. They aren't farmers. 그들은 농부들이 아니다. (현재)

88. He wasn't rich three years ago. 그는 3년 전에는 부자가 아니었다. (과거)

89. The students weren't quiet. 학생들이 조용하지 않았다. (과거)

90. He wasn't ugly. 그는 못생기지 않았었다. (과거)

91. She wasn't lovely then. 그녀는 그때는 사랑스럽지 않았다. (과거)

92. My parents weren't unhappy yesterday. 나의 부모님은 어제 불행하지 않았다. (과거)

93. You are a doctor. 당신은 의사다.

94. A: Are you a doctor? 너 의사니?   B: No, I am not. 아니다.

95. The singer is handsome. 그 가수는 잘생겼다.

96. A: Is the singer handsome? 그 가수 잘생겼니?
    B: Yes, he is. 그래, 그는 잘생겼다.

97. A: Are you a math teacher? 당신은 수학 선생님입니까?
    B: Yes, I am. 그렇습니다.

98. A: Was he poor two years ago? 그는 2년 전에 가난했니?
    B: No, he wasn't. 아니, 그렇지 않았다.
99. There were two trees on the playground. 운동장에 나무 두 그루가 있었다.
100. A: Were there two trees on the playground? 운동장에 나무 두 그루가 있었니?
    B: Yes, there were. 그래, 있었다.
101. A: Is he tall? 그는 키가 크냐?   B: No, he isn't. 아니, 그렇지 않다.
102. A: Is this question difficult? 이 문제 어렵니?
    B: Yes. it is. 그래, 그렇다.
103. A: Are these problems difficult? 이 문제들 어렵니?
    B: Yes, they are. 그래, 그렇다.
104. A: Were the questions difficult? 그 질문들 어려웠니?
    B: Yes, they were. 그래, 어려웠다.
105. A: Are those trees expensive? 저 나무들은 비싸니?
    B: No, they aren't 아니, 안 비싸.
106. Was he tired after the game? 그가 경기 후에 피곤했니?
107. A: Are you sick now? 너 지금 아프니?   B: Yes, I am. 그래, 아파
108. A: Are you sick now? 너 지금 아프니?   B: No, I am not. 아니, 안 아파.
109. A: Is this wine expensive? 이 포도주 비싸니?   B: No, it's not. 아니, 안 비싸.
110. A: Is this wine expensive? 이 포도주 비싸니?   B: Yes, it is. 그래, 비싸.
111. A: Were these youths helpful? 이 젊은이들이 도움이 되었습니까?
    B: Yes, they were. 예, 그들은 도움이 되었습니다.
112. A: Are these youths helpful? 이 젊은이들이 도움이 됩니까?
    B: No, they aren't. 아니, 그렇지 않아.
113. A: Were you rich? 당신은 과거에 부유했습니까?
    B: Yes, I was. 예, 그렇습니다.
114. You have a dog. I like the dog. 너는 개를 가지고 있다. 나는 그 개를 좋아한다.
115. There is an orange in the box. 상자 안에 귤이 한 개 있다.
116. A: Is there a boy in the classroom? 교실 안에 소년이 한 명 있습니까?
    B: Yes, there is. 예, 있습니다.
117. A: Is there a boy in the classroom? 교실 안에 소년이 한 명 있습니까?
    B: No, there isn't. 아니오, 없습니다.
118. There was a white building by the river. 강 옆에 흰 건물이 하나 있었다. (과거)
119. There are three students in the classroom. 교실 안에 세 명의 학생이 있다. (현재)
120. There were three cats under the table. 테이블 아래 세 마리의 고양이가 있었다. (과거)
121. There is an orange on the table. 테이블 위에 오렌지가 한 개 있다. (현재)
122. A: Is there a dog in the house? 집 안에 개 한 마리가 있니?
    B: Yes, there is. 그래, 있다. (현재)

123. Were there two white houses by the river? 강 옆에 두 채의 하얀 집이 있었니? (과거)
124. A: Are you tired? 피곤하니?   B: Yes, I am. 그래, 피곤해.
125. A: Is this your money? 이것은 너의 돈이니? B: Yes, it is my money. 그래, 그것은 나의 돈이야.
126. A: Are these candies yours? 이 사탕들이 너의 것이니?
    B: No, they aren't. 아니, 내 것이 아니야.
127. A: Were the men in the office kind? 사무실의 사람들이 친절했니?
    B: Yes, they were. 그래, 그들은 친절했어.
128. A: Aren't you a fool? 너 바보 아니니?
    B: No, I am not. 아니야, 나는 바보가 아니야.
129. A: Isn't he poor? 그는 가난하지 않니?   B: Yes, he is. 그래, 그는 가난해.
130. A: Aren't you thirsty now? 너 지금 목마르지 않니?
    B: No, I'm not. 아니, 목마르지 않은데
131. A: Isn't he a rich man? 그는 부자 아니니?   Yes, he is. 그래, 그는 부자야.
132. A: Isn't it hot outside? 바깥이 덥지 않니?   Yes, it is. 응, 더워
133. A: Aren't they idle? 그들은 게으르지 않니?
    B: No, They aren't. 아니, 게으르지 않아.
134. A: ren't you tired? 너 피곤하지 않니?   B: Yes, I am. 응, 피곤해.
135. A: Aren't you hungry now? 지금 배고프지 않니?
    B: Yes, I am. 그래, 배가 고프다.
136. A: Aren't you hungry now? 지금 배고프지 않니?
    B: No, I am not. 아니, 배가 고프지 않다.
137. go to school. 학교에 가다.
138. speak to me. 나에게 이야기하다.
139. from Seoul to Busan 서울서 부산까지
140. I am from Korea. 나는 한국에서 왔다(한국 출신이다).
141. go with him. 그와 함께 가다.
142. come with a pen. 펜을 가지고 오다.
143. in the classroom 교실 안에
144. in Seoul 서울에
145. in a red jacket 빨간 재킷을 입고
146. in March 3월에
147. sick in bed 아파서 침대에 누워 있는
148. into the building 빌딩 안으로
149. at the hospital 병원에서
150. at seven o'clock 7시에
151. on the table 테이블 위에

152. on the wall 벽에

153. on the table 테이블 위에

154. go without an umbrella. 우산 없이 가다.

155. go below. 아래로 내려가다.

156. fly above the trees. 나무들 위로 날다.

157. under the table 테이블 아래

158. by the window 창문 옆에

159. by me 나에 의하여

160. behind the tree 나무 뒤에

161. for two months 2달 동안

162. for them 그들을 위하여

163. about the business 사업에 대하여

164. about 5 meters 약 5미터

165. Three students are in the classroom. 세 명의 학생이 교실 안에 있다.

166. I walk to school. 나는 학교로 걸어서 간다.

167. I live in Seoul. 나는 서울에 산다.

168. Two books were on the desk. 두 권의 책이 책상 위에 있었다.

169. Two girls were by the window. 두 명의 소녀가 창문 옆에 있었다.

170. He is sick in bed. 그는 아파서 누워 있다.

171. I played tennis with him. 나는 그와 함께 테니스를 쳤다.

172. A cat is under the table. 고양이 한 마리가 테이블 아래 있다.

173. We met at the bank. 우리는 은행에서 만났다.

174. I am from Seoul. 나는 서울 출신이다.

175. He is above me in math. 그는 수학에서 나보다 위다.

176. Good morning. 안녕하세요. (아침 인사)

177. Good afternoon. 안녕하세요. (오후 인사)

178. Good evening. 안녕하세요. (저녁 인사)

179. Hi. or Hello. 안녕.

180. How are you doing? 어떻게 지내십니까? 안녕하세요?

181. How is it going? or How is everything? 어떻게 지내십니까?

182. Welcome to Seoul. 서울에 오신 것을 환영합니다.

183. A: How are you? 어떻게 지내세요?
    B: I am fine. Thank you. 잘 지냅니다. 감사합니다.

184. A: How are you doing? 안녕하세요? 어떻게 지내세요?
    B: So-so. 그저 그렇습니다.

185. Glad to meet you. = Nice to meet you. 만나서 반갑습니다.

186. Thank you for your letter. 당신의 편지에 대해 감사합니다.
187. Thank you. 감사합니다. (아래 191번까지 이에 대한 답)
188. You're welcome. 천만에요.
189. It's my pleasure. 저도 기뻐요.
190. Don't mention it. 그런 말씀 하지 마세요.
191. No problem. 문제없어, 뭘 그런 걸 가지고.
192. I am good at soccer. 나는 축구를 잘한다.
193. She listens to songs in English. 그 여자는 영어로 노래를 듣는다.
194. Thank you for your help. 당신의 도움에 대해 감사합니다.
195. I am good at English. 나는 영어를 잘한다.
196. He talked to me in Korean. 그는 나에게 한국말로 말했다.
197. I like flowers. 나는 꽃을 좋아한다.
198. You like flowers. 너는 꽃을 좋아한다.
199. They like flowers. 그들은 꽃을 좋아한다.
200. He likes flowers. 그는 꽃을 좋아한다.
201. Tom and Mary like flowers. 탐과 메리는 꽃을 좋아한다.
202. She likes flowers. 그녀는 꽃을 좋아한다.
203. She feels happy. 그녀는 행복하게 느낀다.
204. The horses drink water. 말들이 물을 마신다.
205. My father sends the letter. 나의 아빠가 편지를 보낸다.
206. That singer sings a beautiful song. 저 가수는 아름다운 노래를 부른다.
207. They have a beautiful house. 그들은 아름다운 집을 가지고 있다.
208. He follows her. 그는 그 여자를 따라간다.
209. They like you. 그들은 너를 좋아한다.
210. This cat dislikes fish. 이 고양이는 생선을 좋아하지 않는다.
211. My friends enjoy basketball. 나의 친구들은 농구를 즐긴다.
212. She has pretty eyes. 그녀는 예쁜 눈을 가지고 있다.
213. He teaches math. 그는 수학을 가르친다.
214. Mom washes the dishes after lunch. 엄마는 점심 식사 후에 설거지를 하신다.
215. He goes to the market by bus. 그는 버스를 타고 시장에 간다.
216. He does his homework in the library. 그는 도서관에서 숙제를 한다.
217. Brown and Jane love each other. 브라운과 제인은 서로 사랑한다.
218. She has two sisters. 그녀는 여동생이 둘 있다.
219. I think that she is pretty. 나는 그녀를 예쁘다고 생각한다.
220. I learn English. 나는 영어를 배운다.
221. This bag is for you. 이 가방은 너 줄 거야.

222. He brings some bread. 그는 얼마의 빵을 가져온다.
223. He cleans the room. 그는 방을 청소한다.
224. I have a doll. 나는 인형을 가지고 있다.
225. These candies smell sweet. 이 사탕들은 달콤한 냄새가 난다.
226. They were very friendly. 그들은 매우 우호적이었다.
227. He runs fast. 그는 빨리 달린다.
228. You work hard. 너는 열심히 일한다.
229. She dances beautifully. 그는 아름답게 춤춘다.
230. He teaches kindly. 그는 친절하게 가르친다.
231. They clean quietly. 그들은 조용하게 청소한다.
232. He looks happy. 그는 행복하게 보인다.
233. That sounds good. 그것 참 좋은 생각이야.
234. It smells sweet. 그것은 달콤한 냄새가 난다.
235. It tastes delicious. 그것은 맛있다.
236. He wrote a love letter last night. 그는 어젯밤 연애편지를 썼다.
237. He was sick in bed last week. 그는 지난주에 아파서 침대에 누워 있었다.
238. She bought a red car one year ago. 그녀는 1년 전에 빨간 차를 샀다.
239. I watched the TV for two hours yesterday. 나는 어제 두 시간 동안 TV를 보았다.
240. He gave me a horse. 그는 나에게 말 한 마리를 주었다.
241. She went to school by bike. 그는 자전거를 타고 학교에 갔다.
242. I saw them three hours ago. 나는 그들을 세 시간 전에 보았다.
243. I had breakfast at nine o'clock. 나는 9시에 아침을 먹었다.
244. She has a cold. 그녀는 감기 걸렸다.
245. She sent her baby to her husband. 그녀는 그녀의 아이를 남편에게 보냈다.
246. He won the first prize. 그는 1등상을 탔다.
247. Don't tell a lie. 거짓말하지 마라.
248. He gave me lots of wine. 그는 나에게 많은 포도주를 주었다.
249. He gave lots of wine to me. 그는 나에게 많은 포도주를 주었다.
250. He bought me a new bag. 그는 나에게 새 가방을 하나 사 주었다.
251. He bought a new bag for me. 그는 나에게 새 가방을 하나 사 주었다.
252. He asked me a question. 그는 나에게 질문을 했다.
253. He asked a question of me. 그는 나에게 질문을 했다.
254. He told me a story. 그는 나에게 이야기를 해 주었다.
255. Mr. Brown gave a book to me. 브라운 씨가 나에게 책을 한 권 주었다.
256. My mom bought a new shirt for him. 엄마는 그에게 새 셔츠를 한 벌 사 주셨다.
257. She made a new dress for me. 그녀는 나에게 새 드레스를 만들어 주었다.

258. Many monkeys ate much bread. 많은 원숭이들이 많은 빵을 먹었다.
259. A lot of thirsty horses drank a lot of water. 많은 목마른 말들이 많은 물을 마셨다.
260. Our room is full of much old furniture. 우리의 방은 많은 고가구로 가득 차 있다.
261. My family is small. 나의 가족은 핵가족이다. (단수 취급)
262. My family are all tall. 나의 가족(개개 구성원들)은 모두 키가 크다. (복수 취급)
263. Every student is absent from the class. 모든 학생들이 수업에 결석했다.
    * (every, each) + 단수 명사: 단수 취급을 기억하라.
264. Everything was good for me. 모든 것이 나에게 좋았다.
    * everything도 단수 취급함을 기억하라.
265. Four legs of the table are long. 테이블의 다리 네 개가 길다.
266. They work hard to make money. 그들은 돈을 벌기 위해 열심히 일한다.
267. To swim in the river is fun. 강에서 수영하는 것은 재미있다.
268. I ran fast to meet the strange man. 나는 그 이상한 남자를 만나려고 빨리 달려갔다.
269. I have a lady to introduce to you. 너에게 소개할 아가씨가 있다.
270. To please you is my pleasure. 당신을 기쁘게 하는 것이 나의 기쁨이다.
271. I want to be an actor. 나는 배우가 되는 것을 원한다.
272. My hobby is to collect stamps. 나의 취미는 우표를 수집하는 것이다.
273. The turtle needs something to drink. 거북이는 뭔가 마실 것을 필요로 한다.
274. It's time to exercise. 운동할 시간이다.
275. He came early to see me. 그는 나를 보려고 일찍 왔다.
276. My friends were very sad to hear the news. 나의 친구들은 그 소식을 듣고 매우 슬퍼했다.
277. Minho grew up to be a gardner. 민호는 자라서 정원사가 되었다.
278. She has no books to read. 그녀는 읽을 책이 없다.
279. He likes to listen to the music. 그는 음악을 듣는 것을 좋아한다.
280. To be honest is the best way. 정직한 것이 최선의 길이다.
281. Martin stopped to buy a can of soda. 마틴은 소다 한 캔을 사려고 멈췄다.
282. I want to sleep. 나는 잠자고 싶다.
283. It's time to call my mom. 엄마에게 전화를 걸 시간이다.
284. She studied very hard but he failed the exam. 그는 열심히 공부했지만 시험에서 떨어졌다.
285. I am very glad to see you. 너를 보니 매우 기쁘다.
286. To eat too much is bad for your health. 너무 많이 먹는 것은 건강에 좋지 않다.
287. My hobby is to sing a song. 나의 취미는 노래를 부르는 것이다.
288. I like to play volleyball. 나는 배구를 하는 것을 좋아한다.
289. I began to paint the wall. 나는 벽을 페인트칠하는 것을 시작했다.
290. To see is to believe. 보는 것이 믿는 것이다.
291. He ran fast to catch the first train. 그는 첫 열차를 타려고 열심히 달렸다.

292. He told me to do my best. 그는 나에게 최선을 다하라고 말했다.
293. He told me not to do my best. 그는 나에게 최선을 다하지 말라고 말했다.
294. I told her to prepare for the mid-term exam. 나는 그녀에게 중간고사를 준비하라고 말했다.
295. He told me not to go out after dark. 그는 나에게 어두워진 후에 외출하지 말라고 말했다.
296. I order you not to help him. 나는 너에게 그를 돕지 말라고 명령한다.
297. I want you to succeed in this exam. 나는 네가 이번 시험에서 합격하기를 바란다.
298. You know that German. 너는 저 독일인을 알고 있다.
299. Do you know that German? 너는 저 독일인을 아니?
300. He leads this team. 그가 이 팀을 이끈다.
301. Does he lead this team? 그가 이 팀을 이끄니?
302. You sent textbooks to him. 너는 교과서들을 그에게 보냈다.
303. Do you think that he is clever. 너는 그가 영리하다고 생각하느냐?
304. Did you send textbooks to him? 교과서들을 그에게 보냈니?
305. Do you have a tennis racket now? 너는 지금 테니스 라켓을 갖고 있니?
306. Did you hit him last night? 네가 어제저녁에 그를 때렸니?
307. He bought a cat last week 그는 지난주 고양이 한 마리를 샀다.
308. Did he buy a cat last week? 그가 지난주에 고양이 한 마리를 샀니?
309. Did he help you last Sunday? 그는 지난 일요일 너를 도왔니?
310. He brings hot water to her. 그가 그녀에게 뜨거운 물을 가져다준다.
311. Does he bring hot water to her? 그가 뜨거운 물을 그녀에게 가져다주니?
312. Do you want to be a teacher? 너는 선생님이 되기를 원하니?
313. You broke the window yesterday. 너는 어제 창문을 깼다.
314. He left yesterday. 그는 어제 떠났다.
315. Did you break the window last night? 네가 지난밤에 창문을 깼니?
316. Did he go to school on foot? 그는 걸어서 학교에 갔니?
317. I think that he told a lie. 나는 그가 거짓말을 했다고 생각한다.
318. You told me that she was sad. 너는 그녀가 슬퍼하고 있다고 나에게 말했다.
319. This is mine. That is yours. 이것은 나의 것이고 저것은 너의 것이다.
320. A: Do you have children? 자녀가 있습니까? B: Yes, I do. 예, 있습니다.
321. A: Does he know your name? 그가 당신이 이름을 압니까?
    B: No, he doesn't. 아니, 모릅니다.
322. A: Did he cure your acne? 그가 당신의 여드름을 치료해 주었습니까?
    B: No, he didn't. 아니오, 그렇지 않습니다.
323. A: Did you wash the dishes after lunch for your mom? 점심 식사 후에 엄마를 위해 설거지를 했니? B: Yes, I did. 응, 그래,
324. A: Do you want a birthday party? 생일 파티를 원하니?
    B: No, I don't. 아니, 원하지 않아.

325. A: Don't you like wine? 너 포도주 좋아하지 않니? (= 좋아하니?)
    B: Yes, I do. 응, 좋아해.
326. A: Didn't you buy a turtle last month? 너 지난달에 거북이 한 마리 사지 않았니?
    B: No, I didn't. 아니, 안 샀는데.
327. A: Didn't you call me last night? 네가 나에게 어제 밤에 전화하지 않았니?
    B: No, I didn't. 아니, 전화 안했는데.
328. I didn't think so. 나는 그렇게 생각하지 않았다.
329. I don't want him to go with you. 나는 그가 너와 함께 가는 것을 원하지 않는다.
330. They go to school by train. 그들은 열차로 학교에 간다.
331. They don't go to school by train. 그들은 열차로 학교에 가지 않는다.
332. He drinks milk every morning. 그는 매일 아침 우유를 마신다.
333. He doesn't drink milk every morning. 그는 매일 아침 우유를 마시는 것은 아니다.
334. He met me at the party yesterday. 그는 어제 파티에서 나를 만났다.
335. He didn't meet me at the party yesterday. 그는 어제 파티에서 나를 만나지 않았다.
336. He didn't enter the bank yesterday. 그는 어제 은행에 들어가지 않았다.
337. I bought a handbag to send to my daughter. 나는 나의 딸에게 보낼 핸드백을 샀다.
338. I didn't invite his son to the party. 나는 그의 아들을 파티에 초대하지 않았다.
339. They didn't get to the meeting in time. 그들은 모임에 시간 안에 도착하지 않았다.
340. It doesn't smell sweet. 그것은 달콤한 냄새가 나지 않는다.
341. She didn't play the piano last night. 그녀는 어젯밤 피아노를 연주하지 않았다.
342. I don't think so. 나는 그렇게 생각하지 않는다.
343. I don't think so. either. 나도 역시 그렇게 생각하지 않는다.
344. I have no money. 나는 돈이 없다.
345. I don't have any money. 나는 돈이 없다.
346. Be careful. 조심해라.
347. Don't open the door. 문을 열지 마라.
348. I didn't eat any meat. 나는 고기를 한 점도 안 먹었다.
349. He put some pepper in the Ramyun. 그는 라면에 약간의 후추를 넣었다.
350. I have something for you. 나는 너를 위한 무언가를 가지고 있다.
351. I don't have anything for you. 너는 너를 위한 어떤 것도 가지고 있지 않다.
352. I'm very hungry, so I will eat anything. 나는 매우 배가 고프다. 그래서 나는 아무것이나 먹겠다.
353. A: Do you have some books to read. 읽을 책이 좀 있습니까?
    B: I have no books to read. 읽을 책이 없다.
354. Don't run in the classroom. 교실 안에서 달리지 마라.
355. He is running well. 그는 지금 현재 잘 달리고 있는 중이다.
356. The tree is dying. 나무가 죽어 가고 있다.

357. I was riding my bicycle home from school. 나는 자전거를 타고 학교에서 집으로 오고 있었다.
358. She was teaching in the classroom then. 그녀는 그때 가르치고 있는 중이었다.
359. They are playing basketball. 그들은 농구를 하고 있는 중이다.
360. She was crying behind the tree. 그녀는 나무 뒤에서 울고 있었다.
361. I am looking for something cold. 나는 무언가 시원한 것을 찾고 있다.
362. I am having lunch. 나는 점심을 먹고 있다.
363. I am going to play soccer on this Sunday. 나는 이번 일요일에 축구를 하려고 한다.
364. I am going to buy a turtle. 나는 거북이 한 마리 사려고 한다.
365. Are you trying to like me? 너 나를 좋아하려고 하니?
366. They are trying not to invite my brothers. 그들은 나의 형들을 초대하지 않으려고 한다.
367. He is not trying to visit his friends. 그는 친구들을 방문하지 않으려고 한다.
368. She is going to lead that team. 그녀가 팀을 이끌 것이다.
369. Is he going to run away. 그는 달아나려고 하니?